COLECCIÓN

Grandes datos

Big Data simplificado en 7 capítulos

Prof. Marcão - Marcus Vinícius Pinto

Renuncia:

Tenga en cuenta que la información contenida en este documento es solo para fines educativos y de entretenimiento. Se ha hecho todo lo posible para proporcionar información completa, precisa, actualizada y confiable. Ninguna garantía de ningún tipo es expresa o implícita.

Al leer este texto, el lector acepta que bajo ninguna circunstancia el autor es responsable de las pérdidas, directas o indirectas, incurridas como resultado del uso de la información contenida en este libro, incluidos, entre otros, errores, omisiones o inexactitudes.

ISBN: **9798311429115**

Pie de imprenta: Publicación independiente

Resumen.

1   Prefacio.

Grandes datos. Lo que antes parecía un concepto lejano restringido a los gigantes tecnológicos, ahora se ha convertido en una parte esencial de la vida cotidiana de empresas, gobiernos e incluso individuos. Pero, con tanta información y jerga técnica, ¿por dónde empezar? ¿Cómo transformar este mar de datos en algo comprensible y aplicable?

Fue con esta pregunta en mente que "Big Data simplificado en 7 capítulos" para aquellos que quieren entender el Big Data de una manera clara y sin complicaciones. Tanto si eres un profesional experimentado como alguien que está dando sus primeros pasos en el área, aquí encontrarás las respuestas que buscas.

1.1   ¿Quiénes se beneficiarán de este libro?

- Gerentes y líderes organizacionales: En el mundo de los negocios, la toma de decisiones basada en datos ya no es un diferencial y se ha convertido en una necesidad. Este libro ayuda a los líderes a comprender los fundamentos del Big Data y a aplicarlos estratégicamente en sus operaciones, desde la gestión de crisis hasta la optimización de procesos.

- Analistas de datos y científicos de datos: Para los profesionales del sector, el libro proporciona información sobre la arquitectura, las herramientas y las tendencias, además de explorar ejemplos prácticos que pueden aplicarse en la vida cotidiana, como el análisis predictivo y la gobernanza de datos.

- Emprendedores y profesionales de la pequeña empresa: Desmitificamos el uso del Big Data para pequeñas operaciones, mostrando cómo se puede utilizar para aumentar la eficiencia, mejorar la experiencia del cliente e identificar nuevas oportunidades de mercado.

- Estudiantes y entusiastas de la tecnología: Si tienes curiosidad por entender el papel del Big Data en la transformación digital y el avance de la inteligencia artificial, este libro es el punto de partida ideal.

1.2   ¿Qué encontrarás en este libro?

Con un enfoque estructurado, hemos dividido el contenido en siete capítulos que conectan teoría y práctica:

- Empezamos por los conceptos básicos: qué es el Big Data, las famosas 5 Vs y cómo la computación distribuida ha revolucionado la forma de tratar los datos.

- Exploramos los pasos fundamentales para el éxito de proyectos de Big Data, acompañados de ejemplos reales en áreas como la salud, el medio ambiente y el retail.

- Desmentimos mitos comunes y presentamos tendencias para el futuro, ayudándote a mantenerte a la vanguardia.

- Nos sumergimos en Hadoop, uno de los pilares del Big Data, explicando su arquitectura y ecosistema de forma sencilla y directa.

- Y, por supuesto, abordamos el análisis de datos, sus técnicas y aplicaciones prácticas, así como la importancia del gobierno de datos.

Cada capítulo está construido para ofrecer una visión completa e integrada, lo que le permite comprender no solo el "qué" y el "cómo", sino también el "por qué" detrás del Big Data.

1.3   ¿Por qué deberías comprar este libro?

Este libro es más que una introducción al Big Data. Es una herramienta indispensable para aquellos que quieren convertir los datos en valor. Al comprar Simplificando Big Data en 7 Capítulos, tendrás acceso a un lenguaje claro, conceptos sólidos y ejemplos prácticos que cierran la brecha entre lo técnico y lo estratégico.

Pero este trabajo es solo parte de un viaje más grande. Como parte de la Recopilación de Big Data, se conecta con otros volúmenes que exploran aspectos avanzados como el análisis predictivo, los algoritmos de aprendizaje automático y las estrategias de integración de sistemas. Cada libro de la colección profundiza en un componente esencial, proporcionando una visión holística y práctica del universo del Big Data y la inteligencia artificial.

Ya sea que sea un gerente, analista o entusiasta de la tecnología, esta colección está a su disposición en Amazon, lista para elevar sus conocimientos y aumentar sus resultados.

Prepárese para aprovechar el poder de los datos. ¡Tu viaje comienza ahora!

¡Feliz lectura!
Prof. Marcão

Prof. Marcão - Marcus Vinícius Pinto

Maestría en Tecnologías de la Información
Especialista en Tecnologías de la Información.
Consultor, Mentor y Conferencista en Inteligencia Artificial,
Arquitectura de la Información y Gobierno de Datos.
Fundador, CEO, profesor y
asesora pedagógica en MVP Consult.

2 Grandes datos. ¿Grande qué?

El Big Data se ha convertido en "la" tendencia tecnológica más importante de la última década y tiene el potencial de alterar el mundo de la ciencia y las tecnologías de la información e impactar a las empresas de una manera absolutamente inédita, transformando por completo sus modelos de negocio (Gens, 2012).

El Big Data, al contrario de lo que pueda parecer, no es una plataforma única (Chen et al., 2012) (Manyika, 2011), sino una mezcla de tecnologías de procesamiento y gestión de datos que se han desarrollado a lo largo del tiempo.

Sabemos que la gestión y análisis de datos siempre ha traído numerosos beneficios a las empresas, pero también sabemos que siempre ha traído grandes retos e inversiones.

En los días en que el comercio se realizaba en una pequeña tienda o de puerta en puerta, era fácil gestionar las necesidades de los clientes y mantenerlos leales. Era posible vender el mismo producto durante años y años. Los clientes se sentían prestigiosos por el simple hecho de contar con un proveedor atento y cordial.

Con el avance de la tecnología, con Internet presente en cada rincón, por remoto que sea, los clientes han evolucionado y cada vez es más difícil fidelizarlos y mantenerlos satisfechos.

Para sobrevivir y obtener una ventaja competitiva, las empresas han ido añadiendo nuevos productos y servicios a sus carteras cada vez más rápidamente. La consecuencia de esto es la generación de una gran variedad de investigaciones, controles, procesos y restricciones.

La gran ventaja, y es realmente grande, del Big Data es que proporciona a las empresas herramientas específicas para almacenar, gestionar y manipular grandes cantidades de datos en el momento adecuado, con la precisión adecuada y con la rapidez necesaria para que los gestores y usuarios de todos los mercados y niveles jerárquicos tengan sus procesos de toma de decisiones maximizados (Helbing, 2014).

Para asimilar el potencial del Big Data, es necesario tener en cuenta que:

Los datos deben procesarse para satisfacer las necesidades empresariales para las que se ha diseñado, desarrollado e implementado una solución de software.

Los usuarios buscan cada vez más novedad y rapidez para satisfacer sus deseos y necesidades, obligando a las empresas a correr para no quedarse atrás. Es importante estar al tanto de los diversos temas que deben analizarse antes de la implementación y enfrentarlos, porque quien salga adelante dominará el mercado.

Pero no todo es color de rosa.

Big Data no es una solución *plug and play*. Su implementación requiere de una infraestructura sofisticada que necesita ajustarse a las necesidades de sus usuarios. Su implementación requiere mucha planificación y estudio.

Es importante tener en cuenta varias cuestiones que deben analizarse antes de la implementación, tales como:

- ¿Qué arquitectura de Big Data se necesita para los retos de su empresa?

- ¿Su *centro de datos*[1] es compatible con este tipo de tecnología?

- ¿La empresa utiliza DW[2] y está sustituyendo una tecnología por otra?

- ¿Cuáles son las implicaciones de seguridad de sus datos en Big Data?

- ¿Tu empresa utiliza cloud computing?

- ¿DW puede satisfacer sus necesidades estratégicas y analíticas?

Los datos, según Helbing (2014), se están convirtiendo, en este contexto, no en un nuevo petróleo capaz de suministrar riqueza por sí mismos, sino en una fuente de desafíos que necesitan ser estructurados y sostenidos por procesos confiables para convertirse en una fuente de rentabilidad.

La complejidad de las bases de datos hoy en día significa que las empresas tienen que lidiar con bases de datos relacionales, NoSQL, documentos, imágenes, mensajes de aplicaciones, correos electrónicos, fotos, videos y una multitud de otros medios y plataformas para mantener a sus clientes satisfechos.

---

[1] El *centro de datos* es un entorno diseñado para albergar servidores y otros componentes *de hardware*, como sistemas de almacenamiento de datos (almacenamientos) y activos de red (conmutadores, enrutadores). Su objetivo es asegurar la disponibilidad de equipos para los sistemas de información que garanticen la continuidad de la actividad de la empresa.

[2] Almacén de datos – DW. Data Warehouse es un tipo de sistema de gestión de datos diseñado para permitir y respaldar las actividades de inteligencia empresarial (BI), especialmente el análisis avanzado. Los DW están pensados únicamente para realizar consultas y análisis avanzados y, a menudo, contienen grandes cantidades de datos históricos.

Cada día surgen otros retos en la gestión de datos, como los datos de las redes sociales, el flujo de clics, las conexiones móviles y las bases de datos conectadas.

El Big Data permite procesar datos de una manera que era impensable hasta hace poco. Permite analizar patrones de datos para:

- Maximizar los esfuerzos de gestión de la ciudad.

- Prevención del fraude.

- Realización de experimentos.

- Detección de fallos.

- Gestión del tráfico en grandes núcleos urbanos.

- Mejora de la satisfacción del cliente.

- Mejora de la calidad del producto.

Y aquí citamos solo algunos ejemplos.

Este es el momento adecuado para adquirir el dominio sobre esta tecnología porque hay pocos profesionales con conocimientos especializados y la mayoría de las empresas, impactadas por la toma de conciencia de las ventajas, desafíos, necesidades de inversión y cambio de cultura están buscando profesionales para capacitar a sus equipos (Armstrong, 2016).

Al mismo tiempo que los profesionales de las tecnologías de la información están descubriendo este nuevo nicho laboral, las empresas se enfrentan a un número creciente de datos disponibles para su análisis de mercado y se están dando cuenta de que las tecnologías que utilizan son insuficientes para los nuevos desafíos de Internet.

Las tecnologías y herramientas emergentes que forman el núcleo de este libro pueden ayudarlo a comprender y liberar el tremendo poder de Big Data, que está cambiando el mundo tal como lo conocemos.

En este libro aprenderás en qué consiste la propuesta de utilizar el Big Data para transformar grandes cantidades de datos en información de valor y cómo tu empresa puede utilizar estos datos de la mejor manera. Además, le proporcionaré consejos y actualizaciones sobre los cambios en el software, el hardware y las metodologías de procesamiento de datos para el análisis de datos.

Así que bienvenidos a esta tendencia tecnológica llamada Big Data.

2.1   Pero, ¿qué es el Big Data?

Los profesionales de TI están acostumbrados a tratar con bases de datos con diferentes estructuras, diferentes lenguajes de manipulación y diferentes redes de comunicación. Sin embargo, cada arquitectura tiene su aplicación y constituye una solución a una cierta clase de problemas, tratando con ciertas fuentes de datos.

En el mundo de internet, con diferentes fuentes de datos que necesitan ser gestionadas, investigadas y analizadas de forma independiente para un fin determinado, el problema se escala a niveles imposibles, dejando de ser una solución y convirtiéndose en un gran problema.

Así, podemos decir que al estar frente a tantos datos, con formas tan variadas, es imposible pensar en una gestión "tradicional". Los nuevos desafíos exigen nuevas soluciones. El Big Data es "la" nueva solución.

Es posible pensar en la evolución de la gestión de datos como etapas aisladas del avance tecnológico. Según Stonebraker (2012), estas etapas no son necesariamente una evolución de la etapa anterior. Sin embargo, ya sean inéditos o derivados, la mayoría de los avances tecnológicos de las etapas se basan en sus precursores.

Aunque los avances de los enfoques de gestión de DBMS[3] y arquitectura de datos se consideran los cimientos evolutivos del mundo de la información, es necesario entender esta evolución en el contexto de software + hardware + datos. Para Hilbert (2013):

"Las revoluciones tecnológicas combinadas con la reducción de costos, considerando escenarios de reducción en el tamaño de los dispositivos de almacenamiento con un gran aumento en el volumen de datos registrados y altas ganancias en la velocidad de procesamiento computacional, han permitido desarrollar nuevas perspectivas y el surgimiento de oportunidades en el universo de la intersección de plataformas y fuentes de datos, generando nuevos productos de gestión".

Si bien todos estos factores tecnológicos convergen, experimentamos una transformación completa en la forma en que gestionamos y usamos los datos. El Big Data es la tendencia más reciente que surge de todos estos factores.

Se define como cualquier tipo de plataforma de análisis de datos que tenga estas cinco características:

- Volúmenes extremadamente grandes.

- Arquitectura tecnológica con altísima capacidad de velocidad de procesamiento.

- Amplia gama de tipos de datos procesados.

- Datos con valor potencial para la empresa

- Datos con alta fiabilidad.

---

[3] Sistemas de gestión de bases de datos - DBMS es un software para la gestión de bases de datos, que permite crear, modificar e insertar elementos. El término tiene su origen en el inglés Data Base Management System, o simplemente DBMS.

2.2   5 Vs de Big Data

Los expertos en Big Data han desarrollado una teoría llamada las 5 V (Subramaniam, 2020).

- Volumen.

    - El concepto de volumen en Big Data se evidencia en el tráfico de internet compuesto por intercambios de correo electrónico, transacciones bancarias, interacciones en redes sociales, registros de llamadas y tráfico de datos en líneas telefónicas.

    - Se estima que el volumen total de datos que circulan por internet en 2021 es de 340 Exabytes al año.

    - Cada día se crean 2,9 quintillones de bytes en forma de datos, actualmente el 90% de todos los datos que están presentes en el mundo se crearon en los últimos 3 años (Manyika (2011)).

    - También es importante entender que el concepto de volumen es una variable que depende del tiempo considerado, es decir, lo que es genial hoy, puede no ser nada mañana. (Lohr, 2012) (Ohlhorst, 2012).

    - En los años 90, un Terabyte (1012 bytes) se consideraba Big Data.

- Velocidad.

    - ¿Cruzarías una calle con los ojos vendados si la última información que tuvieras fuera una fotografía tomada del tráfico circulante de hace 5 minutos? Probablemente no, ya que la fotografía de hace 5 minutos es irrelevante ahora. Es necesario conocer las condiciones actuales para poder cruzar la calle con seguridad. (Forbes, 2012). La misma lógica se aplica a las empresas, ya que necesitan datos actualizados sobre su negocio, es decir, velocidad.

- Según Taurion (2013), la importancia de la velocidad es tal que en algún momento debe existir una herramienta capaz de analizar datos en tiempo real.

- Actualmente, los datos se analizan solo después de que se almacenan, pero el tiempo dedicado al almacenamiento en sí mismo ya descalifica este tipo de análisis como un análisis 100% en tiempo real.

- La información es poder (Rogers, 2010), y por lo tanto, la velocidad con la que se obtiene esta información es una ventaja competitiva para las empresas.

- La rapidez puede limitar el funcionamiento de muchos negocios, cuando utilizamos la tarjeta de crédito, por ejemplo, si no conseguimos una aprobación de la compra en pocos segundos solemos pensar en utilizar otro método de pago. Es el operador que pierde una oportunidad de negocio debido a la falla en la velocidad de transmisión y análisis de los datos del comprador.

- Se pueden realizar análisis diarios y a largo plazo de Big Data. Ambos casos pueden ser útiles para que el responsable de esta área sepa identificar la velocidad con la que se deben realizar los análisis.

- Variedad.

  - El volumen es solo el comienzo de los desafíos de esta

nueva tecnología, si tenemos un volumen enorme de datos, también tenemos una gran variedad de ellos.

- ¿Has pensado alguna vez en la cantidad de información dispersa en las redes sociales? Facebook, Twitter, entre otros, tienen un vasto y distinto campo de información que se ofrece en público en todo momento.

- Podemos observar la variedad de datos en correos electrónicos, redes sociales, fotografías, audios, teléfonos y tarjetas de crédito. (McAffe et al, 2012). Podemos obtener infinitos puntos de vista sobre la misma información.

- Las empresas que pueden capturar variedad, ya sea de fuentes o criterios, agregan más valor al negocio.

- El Big Data escala la variedad de información de las siguientes maneras:

  o Datos estructurados: se almacenan en bases de datos, secuenciados en tablas. Ejemplo: tablas o formularios rellenados por los clientes.

  o Datos semiestructurados: sigue patrones heterogéneos, es más difícil de identificar porque puede seguir varios patrones. Por ejemplo, si una imagen se toma de un teléfono inteligente, tendrá algunos atributos estructurados como la etiqueta geográfica, el ID del dispositivo y la marca de tiempo. Una vez almacenadas, las imágenes también se pueden etiquetar como "mascota" o "perro" para proporcionar una estructura.

  o Datos no estructurados: Se trata de una combinación de datos de diversas fuentes, como imágenes, audios y documentos en línea. Ejemplo: mensajes, fotos, vídeos.

- De estas 3 categorías, se estima que hasta el 90% de todos los datos del mundo están en forma de datos no estructurados.

- Veracidad.

  - Uno de cada 3 líderes no confía en los datos que recibe (IBM, 2014).

  - Para obtener buenos resultados del proceso de Big Data, es necesario obtener datos veraces, acordes a la realidad.

  - El concepto de velocidad, ya analizado, está ligado al concepto de veracidad debido a la necesidad constante de análisis en tiempo real. Esto significa que los datos coinciden con la realidad en ese momento, ya que los datos pasados no pueden considerarse datos verdaderos para el momento posterior.

  - La relevancia de los datos recopilados es tan importante como el volumen, ya que no tiene sentido tener cantidad sin calidad.

  - Comprobar la idoneidad y relevancia de los datos recogidos para el propósito del análisis es un punto clave para obtener datos que añadan valor al proceso.

  - No todos los datos recopilados son ciertos. Es el caso, por ejemplo, de las noticias falsas4, que pueden propagarse

---

[4] Las noticias falsas son noticias falsas publicadas por los medios de comunicación como si fueran información real. En evidencia desde 2016, su popularización se debió a las elecciones estadounidenses que definieron a Donald Trump como el 45º presidente de los Estados Unidos.

rápidamente en Internet.

- Valor.

  - Es necesario centrarse en guiar el negocio, ya que el valor de recopilar y analizar datos se mide por el beneficio que aportará al negocio.

  - No es factible llevar a cabo todo el proceso de Big Data si no se tienen preguntas que ayuden al negocio de forma realista.

  - Del mismo modo, es importante ser conscientes de los costes que conlleva esta operación, el valor añadido de todo este trabajo desarrollado, recopilación, almacenamiento y análisis de todos estos datos tiene que compensar los costes financieros que conlleva (Taurion, 2013).

  - La información puede tener un valor especial para las campañas de marketing de una empresa. La idea es que el equipo evalúe qué datos son más o menos valiosos y los aplique en sus estrategias según su grado de importancia.

Como ves, el Big Data es indispensable para el éxito y las mejoras en varias áreas de tu empresa. Debe verse como una especie de brújula que todo emprendedor debe utilizar para conocerse a sí mismo, a su público y a su competencia.

El Big Data es importante porque proporciona medios para que la empresa almacene, gestione y procese grandes cantidades de datos de acuerdo con sus necesidades (Glass et al. (2015). Pero hay que tener en cuenta que es importante tener en cuenta que el Big Data es el resultado de la evolución de la gestión de datos y es fundamental entender cómo los últimos 50 años de maduración de la tecnología determinaron la aparición de esta nueva tecnología.

Las empresas llevan tiempo experimentando multitud de problemas en su gestión de datos, ya que han evolucionado desde la etapa en la que la tecnología DW era suficiente.

Hoy en día, las empresas manejan más datos de más fuentes de lo que antes se creía posible. Todos estos datos se conocen como "el nuevo petróleo", pero sin las herramientas adecuadas la perforación de este "petróleo" no produce riqueza.

En estos nuevos tiempos, los retos de la tecnología de gestión de datos son:

1. ¿Cómo trabaja la empresa con grandes cantidades de datos para considerarlos como una colección útil?

2. ¿Cómo dar sentido a esta inmensidad de datos si no es posible reconocer los patrones para hacerlos significativos para los procesos y decisiones de negocio de la empresa?

2.3   El concepto de Big Data.

Para tener una idea de la evolución de algo, es necesario identificar diferencias significativas entre los resultados de las diversas versiones de ese algo. Por ejemplo, en lo que respecta a la evolución de los automóviles, tenemos distintas fases, empezando por los vehículos de tracción animal, evolucionando a los coches de vapor, pasando por los simples motores de combustión, llegando a los actuales vehículos eléctricos autónomos. Es fácil entender las diferentes etapas del producto automotriz.

La gestión de datos no es diferente. Tomando como foco de validación de la diferencia entre las generaciones de gerentes la forma de resolver los problemas entonces planteados, es posible afirmar que cada generación evolucionó debido a factores de causa y efecto.

Cuando una nueva tecnología llega al mercado, establece nuevas formas de trabajar. Un buen ejemplo fue la llegada al mercado de la tecnología de bases de datos relacionales. Debido a las enormes diferencias entre esta propuesta y las soluciones anteriores, fue necesario que las empresas buscaran la manera de adaptarse para hacer un buen uso de sus recursos.

La generación anterior, dominada por VSAM [5] de IBM[6], fue rápidamente abandonada debido al potencial para procesar bases de datos mucho más grandes con programas más modulares y versátiles.

La generación tecnológica basada en la orientación a objetos se enfrentó a nuevas formas de programación, pero no hubo una evolución real en la gestión de las bases de datos.

Un nuevo escenario se planteó por el almacenamiento de datos no estructurados en el que fue necesario que los profesionales de las tecnologías de la información se familiarizaran con herramientas de análisis basadas en lenguaje natural, para generar resultados útiles para los negocios de las empresas.

Paralelamente, la evolución de los motores de búsqueda ha dado lugar a herramientas que tienen como objetivo generar ganancias a partir de

---

[5] MÉTODO DE ACCESO AL ALMACENAMIENTO VIRTUAL: VSAM. El método de acceso al almacenamiento virtual. Es un método de gestión de archivos que se utiliza principalmente en mainframes, pero también en PC. VSAM acelera el acceso a los datos de los archivos mediante el uso de un índice inverso de los registros adjuntos a los archivos. Este índice se denomina árbol B+.

[6] International Business Machines Corporation (IBM) es una empresa estadounidense centrada en la industria informática. IBM fabrica y vende hardware y software, ofrece servicios de infraestructura, servicios de alojamiento y servicios de consultoría en áreas que van desde grandes computadoras hasta nanotecnología. Fue apodado "Big Blue" por adoptar el azul como su color corporativo oficial, en portugués "Big Blue".

la indexación y recuperación de datos significativos en el escenario de Internet.

Este proceso evolutivo, iniciado antes del cambio de siglo, culminó en el punto en el que nos encontramos con la llegada del Big Data. Una característica esencial de este proceso evolutivo es el hecho de que de una generación a otra no hubo sustitución de herramientas, metodologías y conceptos, sino más bien la generación de una gama de alternativas para diferentes problemas. El Big Data es un derivado de esta gama de soluciones.

Volviendo al contexto de la tecnología a mediados de la década de 1960, cuando la informática se presentó como una alternativa de procesamiento en el mercado de las empresas comerciales, los datos se almacenaban en archivos simples, cintas magnéticas, que tenían estructuras primarias.

Cuando las empresas necesitaban resultados más complejos para respaldar sus procesos de toma de decisiones o su cadena de producción y entrega de productos, se necesitó un esfuerzo sobrehumano para crear valor a partir de estos archivos.

En la década de 1970, Peter Chen revolucionó los gestores de datos al proponer el modelo de datos relacionales que imponía una nueva estructura y tenía como objetivo mejorar los parques informáticos.

Sin embargo, el principal diferenciador de este enfoque fue la introducción de niveles de abstracción a través del lenguaje de consulta estructurado, SQL[7] y generadores de informes.

---

[77] SQL significa "Structured Query Language" que significa, en portugués, Structured Query Language, un lenguaje estándar de gestión de datos que interactúa con las principales bases de datos basadas en el modelo relacional. Algunos de los principales sistemas que utilizan SQL son: MySQL, Oracle, Firebird, Microsoft Access, PostgreSQL (código abierto), HSQLDB (código abierto y escrito en Java).

El modelo relacional, desarrollado por Charles Bachman y James Martin, consolidó una forma de pensar, trabajar y procesar datos que satisfacía las crecientes necesidades de las empresas que, en ese momento, estaban presentes en varios países convirtiéndose en transnacionales.

Esta tecnología permitió a los gerentes de negocios examinar información estratificada, segmentada y con referencias cruzadas, como el número de artículos en los inventarios distribuidos contra las cantidades de pedidos regionalizados y los perfiles de clientes segmentados por clase de ingresos, lo que habría sido imposible con las generaciones anteriores de administradores de bases de datos.

Pero este hermoso escenario trajo consigo un nuevo problema. ¿Cómo almacenar este creciente volumen de datos? El almacenamiento era cada vez más caro y el procesamiento cada vez más lento. Como consecuencia, se planteó la dificultad de evaluar si toda esta infraestructura tenía un valor real para las empresas.

A pesar de las debilidades del modelo entidad-relación, se ha consolidado como el estándar de gestión de datos para sistemas transaccionales basados en datos altamente estructurados.

Sin embargo, el problema del procesamiento de la información gerencial y estratégica aumentaba cada día. El crecimiento en el volumen de datos que las empresas tenían que procesar alcanzó un nivel descontrolado a finales de la década de 1990.

Fue entonces cuando William H. Inmon (Inmon, 1992, 1996) presentó su definición de DW que aportaba una solución caracterizada por:

- Orientación orientada a la materia. La orientación del modelado de la estructura de datos de DW se orienta hacia los problemas clave de la empresa, mientras que los sistemas transaccionales se centran en los procesos y aplicaciones transaccionales.

- Integración. Todos los datos creados en el entorno DW se crean en segmentos temáticos, los data marts[8], que se integran formando una base en la que se integran todos los datos. La integración es posible gracias a la adopción de las siguientes directrices:

  o Los nombres de atributo están estandarizados.

  o Los comentarios de atributos se piensan de acuerdo con la empresa en su conjunto y no con un sistema de información específico.

  o La información se codifica de acuerdo con los estándares adoptados por todos los sistemas de información de la empresa.

  o Los tipos, tamaños y formatos de los atributos están estandarizados y adoptados en todas las bases de datos de la empresa

- Variación en el tiempo. Mientras que en los sistemas transaccionales las bases de datos mantienen los datos de acuerdo a los procesos en los que se utilizan, en DW la línea de tiempo de los datos se mantiene sin interrupción, ya que su principal objetivo es analizar el comportamiento de los datos durante un periodo más

---

[8] Data Mart - Es un pequeño almacén de datos, que cubre un área temática determinada y ofrece información más detallada sobre el mercado (o departamento) en cuestión. Un conjunto de data marts de una empresa conforman el almacén de datos.

largo.

- No volátil. En DW solo hay dos operaciones: la carga de datos y las consultas de datos. En esta estructura, los datos se copian periódicamente de la base de datos transaccional. No hay cambios ni eliminaciones que permitan derivar el modelo de datos multidimensional.

Para comprender mejor este enfoque, tomemos el ejemplo de una compañía de cruceros. Utilizando un DW, se puede obtener información basada en la serie histórica de los viajes de los barcos. Es posible identificar en qué región del mundo hay mayor demanda de un crucero en particular en una determinada época del año (Kimball et al., 2013). El detalle de esta consulta también se puede ampliar identificando la procedencia de estos pasajeros.

Con esta información en tiempo y forma, es decir, al final de la temporada de cruceros, es posible que los gestores planifiquen el calendario de cruceros para la próxima temporada, ofreciendo ventajas a los pasajeros de una determinada región del mundo.

El mismo ejemplo se aplica a los programas sociales en los que es posible que los gestores públicos basen sus acciones de acuerdo con el análisis histórico de un tema determinado. Por ejemplo, con los datos de matrícula en las escuelas públicas, sería posible, a través del análisis de las series históricas de resultados estudiantiles, identificar en qué región hay mayor deserción escolar y actuar sobre el mantenimiento de los estudiantes en las aulas.

Las mejoras en las tecnologías de virtualización y las mejoras en la escalabilidad del hardware han traído muchos beneficios y han ampliado los campos de acción para los administradores de bases de datos y los almacenes de datos. Paralelamente, la expansión del rendimiento de los data marts fue otro factor en la expansión del uso de los Data Warehouses.

Los data marts ampliaron su uso enfocándose en problemas específicos del negocio de la empresa, atendiendo consultas rápidas, comportándose como pequeños DWs que, al ser aprobados para su uso, se incorporaban al DW corporativo.

La suite de data mart DW + resolvió muchos problemas de generación de datos gerenciales y estratégicos, pero resultó inadecuada para abordar problemas que necesitaban procesar datos no estructurados o semiestructurados.

Una de las razones de esta inadecuación a las nuevas demandas de procesamiento es precisamente uno de los pilares del Data Warehouse. Su estructura se basa en cargas periódicas que cumplen bien con la propuesta inicial de generación de datos para la planificación, informes financieros y campañas de marketing tradicionales, pero es demasiado lenta para empresas y consumidores que necesitan análisis y resultados en tiempo real.

Cabe señalar aquí que el contenido no estructurado no se puede tratar en atributos convencionales en bases de datos relacionales. Como solución para almacenarlos en bases de datos, para que no se perdieran, los datos no estructurados se almacenaron en bloques contiguos de datos, en campos como BLOBs – *Binary Large Object*. Este tipo de campo fue creado para el almacenamiento de cualquier tipo de información en formato binario, dentro de una tabla de una base de datos relacional.

Aunque es muy útil para almacenar datos no estructurados, este tipo de campo no permite utilizar su contenido en el procesamiento porque no era posible saber qué había dentro de ellos. El BLOB fue ampliamente utilizado, entonces, para el almacenamiento de imágenes.

En el escenario actual, en el que la mayoría de los datos disponibles en el mundo son desestructurados, existe un nuevo mercado, con soluciones desconectadas que han evolucionado hacia plataformas unificadas de gestión de procesos de negocio.

Esta nueva plataforma de soluciones incorporó metadatos como información sobre el rendimiento de la empresa y características de la información almacenada sobre este rendimiento.

Al mismo tiempo, la ingeniería de requisitos se ha enfrentado a una nueva generación de especificaciones que se basa en la convergencia de la web con la virtualización, la computación en la nube y el big data.

Estos nuevos requerimientos reflejan las demandas de las empresas que están comenzando a incorporar a sus procesos de trabajo la necesidad de gestionar una nueva generación de fuentes de datos con cantidades y variedades sin precedentes que necesitan ser procesadas y generar resultados útiles a una velocidad nunca antes vista.

La evolución de los gestores de datos llega entonces a la propuesta tecnológica actual, el Big Data. Y ahí tenemos un tema que está muy presente en el análisis de las empresas. ¿Es el Big Data realmente algo nuevo en el mundo del procesamiento de datos o es una evolución natural de la tecnología?

Aunque parezca incoherente decir que es el resultado de la evolución natural de la gestión de datos y algo completamente nuevo, esta es la respuesta (Helbing, 2015a). Si bien se basa en todo lo que ha existido anteriormente en la gestión de datos, introduce innovaciones fundamentales al resolver problemas como el costo de los ciclos de cómputo, la creciente complejidad del almacenamiento y la administración de bases de datos masivas.

Big Data permite virtualizar los datos para que puedan almacenarse de manera más eficiente y rentable mediante el uso de almacenamiento basado en la nube.

Paralelamente, el nuevo panorama del procesamiento de datos tiene a su disposición mejoras en la velocidad y fiabilidad de las redes, cambios en los precios y la sofisticación de la memoria de los ordenadores.

Y, finalmente, después de tantas evoluciones, hoy existe la posibilidad de estructurar soluciones, inconcebibles hasta hace poco, en las que las empresas tienen el potencial de hacer un uso inteligente de grandes masas de datos no estructurados.

Como ejemplo de procesamiento de estos grandes volúmenes de datos, tenemos casos en los que ya hay empresas que procesan petabytes de datos, equivalentes a 35 millones de archivos llenos de carpetas con archivos de texto o muchos años de contenido de HDTV, con un rendimiento excepcional, para identificar patrones de comportamiento de los consumidores o encontrar anomalías en los procesos de comercio electrónico.

La adopción del Big Data no solo implica cambios en las empresas, sino también en los segmentos académicos y científicos, en los institutos de investigación y en las empresas gubernamentales.

Es importante destacar que aún nos encontramos en las primeras etapas en relación al procesamiento de grandes volúmenes de datos como base para planificar y anticipar cambios en el mercado y en el comportamiento de los clientes.

De todo lo expuesto hasta ahora, ya debes haber concluido que el Big Data no es solo una herramienta, ni es solo una consecuencia de la evolución de los gestores de bases de datos, sino una convergencia de varios factores, tecnologías, consumidores, ordenadores en el contexto de Internet.

Y luego llegamos al concepto de **Big Data** que adoptaremos en este libro:

Conjunto de tecnologías para gestionar un gran volumen de datos estructurados y no estructurados, a alta velocidad, produciendo los resultados esperados en el tiempo esperado para permitir el análisis y la planificación en tiempo real.

Hay quienes piensan que el Big Data es una novedad más, pero cuando hablamos de Big Data, estamos hablando de innovaciones tecnológicas, nuevas teorías computacionales y nuevos gestores de bases de datos.

El enfoque de Big Data incorpora muchos enfoques diferentes de análisis para abordar un problema específico. Algunos análisis se basarán en un DW tradicional, mientras que otros utilizarán análisis predictivos avanzados.

La gestión de Big Data de forma integral, multidisciplinar y holística requiere de muchos enfoques diferentes para que sea posible tener éxito en el negocio de la empresa y en la planificación de las estrategias futuras.

Después de realizar procesos de indexación, estructuración y limpieza de grandes cantidades de datos, una alternativa interesante para facilitar el análisis de estos datos es organizar subconjuntos, de acuerdo con patrones identificados o ciertos parámetros, y hacerlos accesibles a los profesionales de la empresa.

Una forma de implementar esta accesibilidad a los datos es implementar Data Warehouses estructurados en data marts orientados al negocio de la empresa. Este enfoque ofrece compresión, partición de varios niveles y alto paralelismo de procesamiento.

2.4   Característica del análisis de Big Data.

El hecho de que la empresa tenga a su disposición la capacidad de gestionar y analizar petabytes, pronto exabytes, de datos crea un escenario de realidad informacional.

Con tantas variables en el contexto del Big Data, la analítica puede llegar a ser extremadamente compleja. Un análisis muy útil en la lucha contra el fraude, por ejemplo, utiliza modelos predictivos que combinan datos estructurados y no estructurados.

En el enfoque tradicional de los informes analíticos y estratégicos, la empresa espera que los datos sean la matriz para responder a las preguntas sobre qué hacer y cuándo hacerlo. Por lo general, los datos se integran como campos en aplicaciones empresariales de propósito general. En el enfoque de Big Data, las empresas de software están desarrollando aplicaciones especializadas en la arquitectura no estructurada y múltiple de Big Data.

Los mejores ejemplos de estas aplicaciones se centran en áreas como la atención médica, la educación, la fabricación, la gestión del tráfico y el comercio electrónico. Una característica común de todas estas aplicaciones de Big Data es que están preparadas para procesar grandes volúmenes, a altas velocidades y recibiendo una gran variedad de datos.

En el ámbito de la salud, una aplicación de Big Data puede ser capaz de monitorizar las unidades de cuidados intensivos para identificar cuándo un paciente necesitará un apoyo más serio. En una fábrica, se puede utilizar una aplicación de Big Data para evitar que una máquina interrumpa el proceso de producción. Una aplicación de gestión del tráfico aéreo de Big Data puede reducir la congestión y el riesgo de accidentes en aeropuertos concurridos.

2.5   Lo viejo se encuentra con lo nuevo: la computación distribuida.

La computación distribuida se ha utilizado durante más de 50 años. Inicialmente, la tecnología fue la base de la investigación en ciencias de la computación como una forma de reducir la carga de las tareas informáticas y atacar problemas complejos sin el costo de grandes sistemas informáticos.

La computación distribuida es una técnica que permite conectar ordenadores individuales en red como si fueran un único entorno.

Una de las primeras empresas exitosas en computación distribuida fue un proyecto financiado por la Agencia de Proyectos de Investigación Avanzada de Defensa de EE. UU., DARPA.[9]

El resultado de la investigación dio lugar al desarrollo de Internet. Inicialmente, se diseñó para crear un sistema de red de interconexión que apoyara la investigación no comercial en colaboración entre científicos. En los primeros días de Internet, estas computadoras solían estar conectadas por líneas telefónicas

---

[9] Agencia de Proyectos de Investigación Avanzada de Defensa – DARPA. La Agencia de Proyectos de Investigación Avanzada de Defensa, creada en febrero de 1958, inicialmente como ARPA, por militares e investigadores estadounidenses bajo la supervisión del presidente Eisenhower, como reacción de Estados Unidos a la victoria tecnológica de la entonces Unión Soviética con el lanzamiento del primer satélite artificial, el Sputnik 1, con el objetivo original de mantener la superioridad tecnológica de Estados Unidos y advertir sobre posibles avances tecnológicos por parte de potenciales adversarios.

A medida que la tecnología maduró, los protocolos comunes como TCP[10] ayudaron a proliferar la tecnología y la red. Cuando[11] se agregó IP, el proyecto pasó de ser una red cerrada para un grupo de científicos a una plataforma potencialmente comercial para transferir correo electrónico a todo el mundo.

A lo largo de la década de 1980, comenzaron a surgir en el mercado nuevos servicios basados en Internet como una alternativa comercial a la red DARPA. En 1992, el Congreso de los Estados Unidos aprobó la Ley de Tecnología Avanzada y Científica que, por primera vez, permitió el uso comercial de esta poderosa tecnología de redes.

Con su continuo crecimiento explosivo, Internet se ha establecido como una red distribuida global y sigue siendo el mejor ejemplo del poder de la computación distribuida.

En algunas topologías de red, las entidades informáticas individuales simplemente se pasan mensajes entre sí. En otras situaciones, un entorno informático distribuido puede compartir recursos que van desde la memoria hasta las redes y el almacenamiento.

---

[10] Protocolo de control de transmisión - TCP. El Protocolo de Control de Transmisión forma parte del grupo de protocolos de comunicación que soportan las actividades de los usuarios en Internet. Su función es básicamente comprobar si hay errores en los datos transmitidos.

[11] El protocolo puro de Internet, es decir, IP, es el principal protocolo de comunicación en la red. Es responsable de direccionar y reenviar los paquetes que viajan a través de Internet. La IP, sin embargo, no garantiza la entrega de sus paquetes de datos. Por lo tanto, es común que este protocolo se combine con TCP.

Todos los modelos de computación distribuida tienen en común el hecho de que son un grupo de computadoras en red que trabajan juntas para ejecutar una carga de trabajo o procesamiento.

Había cientos de empresas que creaban una infraestructura de software destinada a proporcionar una plataforma común para soportar un entorno informático altamente distribuido antes de que Internet se convirtiera en una red comercial.

Sin embargo, cada proveedor o empresa de estándares desarrolló sus propios RPC[12] que todos los clientes, desarrolladores de software comercial y socios tendrían que adoptar y respaldar.

RPC es un mecanismo primitivo que se usa para enviar trabajo a un equipo remoto y, por lo general, requiere esperar a que se complete el trabajo remoto antes de que pueda continuar otro trabajo. Con los proveedores implementando RPC propietarios, se volvió poco práctico imaginar que una sola empresa sería capaz de crear un estándar universal para la computación distribuida.

A mediados de la década de 1990, los protocolos de Internet habían reemplazado a estos enfoques primitivos y se habían convertido en la base de lo que es hoy la computación distribuida.

2.6   Computación distribuida.

Los recursos informáticos se pueden distribuir de diversas maneras. La consecuencia es la necesidad de disponer de varios modelos de computación distribuida. Por ejemplo, puede distribuir un conjunto de programas en el mismo servidor físico y utilizar servicios de mensajería para permitirles comunicarse y transmitir información. También es

---

[12] Llamada a procedimiento remoto - RPC. La llamada a procedimiento remoto es una tecnología de comunicación entre procesos que permite a un programa informático llamar a un procedimiento en otro espacio de direcciones, generalmente en otra computadora, conectada por una red.

posible tener varios sistemas o servidores diferentes, cada uno con su propia memoria, que pueden trabajar juntos para resolver un problema.

Es importante tener en cuenta que no todos los problemas requieren computación distribuida. Si no hay una gran restricción de tiempo, el procesamiento complejo se puede realizar de forma remota a través de un servicio especializado.

Anteriormente, cuando las empresas necesitaban realizar análisis de datos complejos, se trasladaban a un servicio o entidad externa donde había muchos recursos adicionales disponibles para su procesamiento.

En esta situación, el problema no era que a las empresas no les importara esperar para obtener los resultados que necesitaban. La situación se impuso porque no era económicamente viable comprar suficiente equipo de cómputo para hacer frente a estas necesidades emergentes.

En muchas situaciones, debido a los costos, las empresas trabajaron solo con partes de los datos, en lugar de tratar de capturarlos todos. Los analistas querían todos los datos, pero tuvieron que tratar de trabajar con pequeños fragmentos en un intento de capturar los datos necesarios para el problema en cuestión. La capacidad de aprovechar la computación distribuida y las técnicas de procesamiento paralelo ha transformado en gran medida el panorama y ha reducido drásticamente la latencia.

Hay casos especiales, como HFT[13], donde la baja latencia solo se puede lograr ubicando físicamente los servidores en una sola ubicación.

---

[13] Trading de Alta Frecuencia – HFT. El trading de alta frecuencia es un concepto asociado al trading algorítmico y se refiere al uso de potentes algoritmos, que permiten operar con activos financieros de forma automática con la máxima velocidad. Es una forma de utilizar la tecnología, los "robots", para hacer inversiones a muy corto plazo, que duran segundos.

2.7   El problema de la latencia.

Uno de los problemas más acuciantes para el éxito en la gestión de datos, especialmente cuando se trata de grandes cantidades de datos, es la latencia.

La latencia es el retraso en la ejecución de una tarea. La latencia es un problema en todos los aspectos de la informática, incluidas las comunicaciones, la gestión de datos, el rendimiento del sistema, etc.

La computación distribuida y las técnicas de procesamiento paralelo pueden marcar una diferencia significativa en la latencia experimentada por clientes, proveedores y socios.

La mayoría de las aplicaciones de Big Data dependen de la baja latencia debido a los requisitos de Big Data en cuanto a velocidad, volumen y variedad de datos. No es posible desarrollar una aplicación de big data en un entorno de alta latencia. La necesidad de comprobar los datos casi en tiempo real también se ve muy afectada por la latencia.

La consolidación de Internet como plataforma para todos los usos, desde el comercio hasta la medicina, ha dado lugar a la demanda de una nueva generación de gestión de datos.

A finales de la década de 1990, empresas como Google, Yahoo! y Amazon pudieron ampliar sus modelos de negocio aprovechando el hardware barato para la computación y el almacenamiento.

Sin embargo, unos años más tarde, estas empresas ya necesitaban una nueva generación de tecnologías de software que les permitieran monetizar las enormes cantidades de datos que estaban capturando de los clientes sin esperar los resultados del procesamiento analítico.

Uno de los factores que impulsa la *computación en la nube*[14] es la necesidad continua y creciente de procesar datos dispares. El modelo de nube permite operaciones distribuidas y a gran escala.

La definición de la arquitectura debe basarse en lo que tu empresa quiere hacer con sus datos estructurados y no estructurados. Esto también determina la necesidad de comprender las estructuras de datos de entrada para colocar esos datos en el lugar correcto.

Un aspecto destacable en el universo Big Data es el hecho de que, muchas veces, la empresa no necesita ser dueña de todos los datos que va a utilizar. Muchos ejemplos demuestran esta situación.

Es posible que esté utilizando datos de redes sociales, datos de mediciones de comercio electrónico de terceros o incluso datos de satélites. Es posible que muchos de estos datos hayan estado previamente aislados y no es un requisito previo que lleguen a su empresa en tiempo real.

Nos centramos en la situación en la que la empresa necesita procesar grandes volúmenes de datos, a altas velocidades, y son de naturaleza variada. El problema es que no se puede obtener valor empresarial al tratar con una variedad de fuentes de datos desconectadas.

Los componentes que se vuelven necesarios son los conectores y los metadatos:

- Conectores. Es posible que sus análisis necesiten algunos conectores que le permitan extraer datos de varias fuentes de big data. Es posible que necesites un conector de Twitter o

---

[14] Computación en la nube. Cloud Computing es la oferta de servicios informáticos bajo demanda a través de internet. Estos servicios incluyen almacenamiento de archivos, redes, software, bases de datos, servidores y muchos otros. La característica principal es que el sistema hace que no sea necesario guardar archivos e instalar programas en su propia computadora.

Facebook. O bien, es posible que necesite integrar un almacén de datos con una fuente de datos big data que esté fuera del sitio para poder analizar las fuentes de datos juntas.

- Metadatos. Los metadatos son las definiciones, asignaciones y otras características utilizadas para describir cómo encontrar, acceder y utilizar los componentes de datos (y el software) de una empresa.

Un ejemplo de metadatos son los datos sobre un número de cuenta. Esto puede incluir el número, la descripción, el tipo de datos, el nombre, la dirección, el número de teléfono y el nivel de privacidad.

Los metadatos se pueden usar para organizar los almacenes de datos de su empresa y manejar fuentes de datos nuevas y cambiantes. Son componentes críticos para la integración de datos con diferentes estructuras.

Si bien el concepto de metadatos no es nuevo, está cambiando y evolucionando en el contexto del Big Data. En el mundo tradicional de los metadatos, es importante tener un catálogo que proporcione una vista única de todas las fuentes de datos. Pero para controlar diferentes fuentes y tipos de datos, este catálogo ya no puede limitarse a una sola vista. Tendrá que manejar diferentes metadatos para cada tipo de datos. Es posible que incluso necesite usar una herramienta de análisis para ayudarlo a comprender los metadatos subyacentes.

3 Cuatro pasos para un proyecto exitoso.

Diferentes empresas en diferentes industrias necesitan administrar sus datos de manera diferente. Pero algunos problemas empresariales comunes son la razón por la que se considera Big Data como una forma de planificar y ejecutar estrategias empresariales.

De ahí que tengamos una pregunta muy actual:

- ¿Qué espera conseguir la compañía con el uso del Big Data?

Esta no es una pregunta fácil de responder. El mayor reto para la empresa es ser capaz de mirar hacia el futuro y anticiparse a lo que podría cambiar y por qué.

Las empresas quieren ser capaces de tomar buenas decisiones de forma más rápida y eficiente. La empresa quiere aplicar este conocimiento para adoptar medidas que puedan cambiar los resultados empresariales.

Los líderes también deben comprender los matices de los impactos de sus decisiones comerciales en todas las líneas de productos y su ecosistema de socios. Las mejores empresas adoptan un enfoque holístico de los datos.

Cuatro pasos forman parte del proceso de planificación que se aplica al Big Data: planificar, analizar, verificar y actuar.

En las secciones siguientes se describe lo que significan estos pasos.

3.1 Paso 1: Planificar con datos.

Con la cantidad de datos disponibles para las empresas, existen peligros al hacer suposiciones basadas en una sola vista de los mismos. La única manera de estar seguro de que los líderes confían en una perspectiva equilibrada con todos los elementos para tomar buenas decisiones es tener una comprensión clara de cómo se relacionan estos datos de origen.

Pero, en general, las empresas solo tienen una pequeña cantidad de los datos que se necesitarían para estas decisiones. Por lo tanto, la empresa necesita adoptar una vía de planificación para determinar qué datos se necesitan para planificar nuevas estrategias y direcciones.

Por ejemplo, si una empresa necesita ampliar el tipo de servicios que puede ofrecer a los clientes existentes, tendrá que realizar un análisis basado en datos de lo que los clientes están comprando y cómo está cambiando.

Surgen preguntas como:

- ¿Qué les gusta y qué no les gusta a los clientes de los productos?

- ¿Qué ofrecen los competidores?

- ¿Qué nuevas macrotendencias están surgiendo que afectarán a las preferencias de los clientes?

- ¿Cómo reaccionan tus clientes a tus productos y a los de tus competidores?

Es fácil ver que si puedes encontrar formas efectivas de administrar los datos, tu empresa tendrá una poderosa herramienta de planificación. Incluso si los datos pueden confirmar la estrategia existente, pueden indicar nuevas direcciones inesperadas.

Parte del proceso de planificación requiere el uso de una variedad de datos para probar las suposiciones y pensar en el negocio de manera diferente.

3.2   Paso 2: Analizar, analizar y analizar.

Después del paso 1, en el que la empresa ha entendido sus objetivos empresariales, es el momento de empezar a analizar los propios datos como parte del proceso de planificación. Este no es un proceso independiente.

Desempeñarse en el análisis de Big Data requiere aprender un conjunto de nuevas herramientas y habilidades. Muchas empresas necesitarán contratar a algunos científicos de Big Data para poder entender cómo convertir esta enorme cantidad de datos de un problema en una oportunidad de negocio.

El mercado de análisis de Big Data es muy inmaduro, por lo que todavía es difícil encontrar herramientas muy abstractas y fáciles de usar para respaldar el análisis. El análisis de big data es un área dinámica que está experimentando cambios muy rápidos.

3.3   Paso 3: Comprueba los resultados.

Una cosa que suele suceder en los primeros momentos del despliegue del Big Data en las empresas es validar los resultados, pero se olvidan de hacer un chequeo de la realidad. El análisis de la realidad implica verificar que los datos son útiles y se aplican a la realidad del negocio de la empresa.

Para ello, es necesario tener respuestas sensatas y suficientes a preguntas como estas:

- ¿El análisis refleja los resultados esperados para el negocio?

- ¿Son los datos utilizados lo suficientemente precisos o tienen problemas adicionales que resolver?

- ¿Las fuentes de datos tienen un potencial real para aumentar la planificación empresarial de la empresa?

Este es el momento de asegurarse de que su empresa confía en los datos de fuentes que llevarán al negocio en la dirección correcta.

Muchas empresas utilizan fuentes de datos de terceros y es posible que no tengan tiempo para comprobar suficientemente la calidad de los datos.

Tenga en cuenta este problema. Cuando planifica y toma decisiones empresariales basadas en la analítica, debe asegurarse de tener una base sólida.

3.4   Paso 4: Actuar en la dirección correcta.

Una vez completado este ciclo de análisis, es hora de poner el plan en acción, pero las acciones deben ser parte de un ciclo de planificación general que se repita, especialmente a medida que los mercados se vuelven más dinámicos.

Cada vez que una empresa inicia una nueva estrategia, es fundamental crear un ciclo constante de evaluación del negocio de Big Data.

El enfoque de actuar sobre los resultados del análisis de Big Data y luego probar los resultados de la ejecución de la estrategia comercial es la clave del éxito. El Big Data añade el elemento crítico de ser capaz de aprovechar los resultados reales para verificar que la estrategia está funcionando según lo previsto.

A veces, los resultados de una nueva estrategia pueden no coincidir con las expectativas de los gerentes de la empresa. En algunos casos, esto significará redefinir la estrategia y en otras situaciones, las consecuencias no deseadas llevarán a la empresa en una nueva dirección que puede terminar teniendo un mejor resultado.

3.5   Algunas ventajas del Big Data.

El uso inteligente de la tecnología puede hacer que su empresa asegure su espacio en el mercado, destacándose de la competencia e incluso convirtiéndose en líder en el segmento. Y conocer algunos ejemplos de aplicaciones de Big Data puede hacer que te des cuenta de los secretos del éxito empresarial.

El Big Data funciona como una brújula para que los administradores tomen la decisión correcta sobre la dirección que debe tomar su empresa. Aumenta la eficiencia y acelera el desarrollo de empresas de cualquier industria y tamaño.

3.5.1   Ejemplos de aplicaciones de Big Data en RRHH.

El propósito del Big Data en el sector de los recursos humanos es reemplazar los supuestos por certezas, maximizando la tasa de éxito en la contratación.

Aunque este departamento es bastante subjetivo, las computadoras de última generación procesan una amplia variedad de información con mucha más precisión que los humanos.

El Big Data puede garantizar los siguientes beneficios:

01. Reducir las malas contrataciones.

Incluso con el apoyo de los mejores profesionales del área, es posible que se contrate a empleados que no encajan en el perfil de la empresa. Como resultado, hay pérdidas en esta contratación, ya que hubo gastos de capital en entrevistas, capacitación, pérdida de productividad, etc.

Utilizando la tecnología Big Data, es posible analizar rápidamente todos los datos de los candidatos, incluso si sus ideologías y objetivos están en línea con los principios de la empresa, lo que resulta en un aumento en la probabilidad de contratar al empleado ideal.

02. Aumentar la tasa de retención.

Después de contratar al empleado ideal, el objetivo de RRHH es mantenerlo en la empresa, después de todo, son los empleados los que mueven la empresa internamente, brindan el servicio o producen el producto. El algoritmo de Big Data estudia constantemente el historial, el rendimiento y la satisfacción de cada empleado.

Es posible identificar con precisión si están satisfechos en el trabajo, cuáles son los problemas existentes y los medios para resolverlos, de este modo, su productividad se verá potenciada tanto por su satisfacción como por la eliminación de obstáculos a sus tareas.

03. Predecir el rendimiento.

Con el Big Data, es posible predecir si un determinado empleado será capaz de diferenciarse de los demás del sector, si tiene ideas innovadoras para el negocio o talento para otras actividades de la empresa. Para ello, es necesario un análisis exhaustivo y constante. Las predilecciones incluyen:

- Velocidad de aprendizaje;

- Eficaz en la empresa;

- Compromiso con el trabajo; y

- Ociosidad y probabilidad de ocurrencia de accidentes laborales.

Los datos agregados electrónicamente se actualizan y analizan automáticamente en tiempo real. Al emparejarlos con el rendimiento de trabajos anteriores, permitirá anticipar su rendimiento futuro.

3.5.2   En tiendas minoristas.

El mayor desafío para los minoristas es predecir el comportamiento y las preferencias de su clientela, ya sea nueva o existente. Al fin y al cabo, los gustos de los consumidores cambian constantemente con la aparición de nuevas modas y tendencias.

Pero este obstáculo se puede resolver fácilmente con la adopción del Big Data.

01. Generar recomendaciones.

El Big Data utiliza el historial de compras del cliente y las búsquedas en Internet para generar una lista de productos que también pueden ser de su interés. Con este sistema, tu empresa podrá atraer la atención incluso de nuevos clientes, ya que el catálogo se basará en la búsqueda general en Internet y no solo en tu página web.

Esto aumenta el tiempo que los consumidores pasan en su sitio web, las posibilidades de compra y la popularidad de su negocio en todos los ámbitos.

02. Conoce a tu clientela.

La tecnología está interconectada a las redes sociales y realiza búsquedas inteligentes sobre palabras clave, tendencias y accesos a otras páginas. Con esto, se puede identificar qué productos atraen a cada tipo de cliente, aquellos que forman parte de un solo nicho y cuáles son ampliamente populares, maximizando las ventas de todos los productos en el sitio.

03. Toma decisiones estratégicas.

Por lo general, las aplicaciones comunes informan la cantidad de productos vendidos, por lo que es posible saber cuáles son las más populares y generan más ingresos.

Sin embargo, el Big Data va más allá al demostrar qué productos están ganando o perdiendo popularidad y comparar precios con los de la competencia, entre otros indicadores. Todo esto contribuye a que el administrador diseñe estrategias más efectivas, incluso en el comercio minorista físico.

3.5.3 En el ámbito de la salud.

Los sectores de la salud trabajan constantemente con urgencias y emergencias y estos eventos generan desorden en cualquier empresa, provocando que ciertos ambientes sufran de falta de empleados mientras que otros tienen cierta lentitud.

Por este motivo, es fundamental contar con la ayuda de un ordenador para controlar el tiempo y el número de empleados en cada área del establecimiento, maximizando la productividad y satisfaciendo a los clientes.

01. Crear archivos electrónicos.

Historias Clínicas Electrónicas –EHR, la historia clínica electrónica es un registro de todos los antecedentes de enfermedades, alergias, pruebas y resultados de laboratorio del paciente. Esto ahorra tiempo y dinero con la repetición de pruebas o entrevistas con el individuo.

02. Recibe alertas en tiempo real.

Es posible que esta función esté en la nube, es decir, la alerta se realizará en cualquier ubicación, y no es necesario que el usuario esté cerca de un terminal informático para recibirla.

De esta manera, el Big Data también surge como una herramienta fundamental para preservar la salud en general mediante la creación de alertas en tiempo real. Por ejemplo, si la presión arterial del paciente aumenta significativamente, se enviarán automáticamente alertas al médico para que tome medidas.

03. Predecir necesidades.

Los pacientes con historiales hospitalarios complejos o que padecen múltiples afecciones requieren una atención especial, lo que ocupa mucho tiempo de los médicos. El Big Data puede ayudar en la ejecución de un estudio instantáneo de su condición, anticipando las necesidades y asistiendo a los médicos en sus preparativos.

Las entidades de salud, a través de algoritmos analíticos, pueden construir y analizar patrones en la atención médica, ya sea a través de datos estructurados o no estructurados. El Big Data ha sido útil para respaldar la toma de decisiones médicas, así como para la previsibilidad y el seguimiento.

En Estados Unidos, la Texas Health Harris Methodist Hospital Alliance ha analizado la información de los sensores médicos con el fin de predecir la evolución de sus pacientes, así como para monitorizar los movimientos de los pacientes durante todo el periodo de hospitalización.

De esta manera, el hospital puede obtener informes, alertas, indicadores clave de rendimiento y visualizaciones interactivas resultantes del análisis predictivo. Este análisis permite al hospital ofrecer los servicios adecuados y con mayor eficiencia, mejorando así las operaciones existentes, así como su capacidad para prevenir posibles riesgos médicos.

Otro ejemplo está relacionado con el trabajo que han desarrollado algunos investigadores de las Universidades de Heidelberg y Stanford que han construido un sistema que tiene como objetivo detectar enfermedades mediante el diagnóstico visual de imágenes que según la taxonomía se denominan naturales.

Las imágenes naturales consisten en imágenes como lesiones cutáneas, por ejemplo, para ayudar a determinar si son cancerosas. Según los líderes del estudio, la capacidad predictiva del sistema funcionó mejor en comparación con los dermatólogos profesionales.

Por un lado, la población general se beneficiaría, en el sentido de que cuanto antes se diagnostique una enfermedad, mayores serán las posibilidades de tratamiento. Por otro lado, el Estado también se beneficiaría, ya que podría reducir sus costos relacionados con el tratamiento de enfermedades avanzadas.

3.5.4 Medio ambiente.

Debido a los grandes avances de la sociedad moderna, el medio ambiente a menudo se ve obligado a pagar el precio del progreso humano. El big data está permitiendo a empresas como Rainforest Connection, una organización estadounidense sin fines de lucro, utilizar herramientas de inteligencia artificial, como TensorFlow de Google, en programas de conservación de recursos naturales en todo el mundo.

Su plataforma puede detectar actividades ilegales, como la tala, en áreas donde los bosques están más desprotegidos o son más susceptibles a tales acciones. Estas actividades solo pueden ser grabadas gracias al análisis de la información de sensores de audio que permiten la auscultación en tiempo real o casi real a varios bosques.

3.5.5 Asistencia en la gestión de crisis.

Las crisis en cuestión van desde desastres naturales o provocados por el hombre hasta misiones de búsqueda y rescate, pasando por crisis relacionadas con la aparición de enfermedades. En cuanto a la asistencia para la gestión de crisis, surgen ejemplos, como el uso de la IA combinada con información procedente de satélites que han permitido cartografiar y predecir la progresión de los incendios forestales.

De esta forma, estos nuevos instrumentos han permitido que la intervención de los bomberos sea más precisa y eficaz. También se ha explorado el posible uso de drones, una vez más asociados a la IA, para rescatar a personas desaparecidas en zonas salvajes.

3.5.6 Para pequeñas empresas.

El Big Data no debe ser ignorado por ninguna empresa, ni siquiera por las pequeñas. Es común pensar que un nuevo negocio no necesita Big Data para procesar información, pero esto es un grave error.

01. Hacer un mejor uso de las redes sociales.

El Big Data identifica las menciones realizadas a la empresa en redes sociales cuyas plataformas de comunicación incluyen Twitter, Facebook, Instagram, Snapchat y otras que permiten el intercambio de mensajes públicos.

La tecnología diferenciará las publicaciones de experiencias positivas o negativas, lo que le permitirá conocer mejor a los clientes, encontrar formas más efectivas de conquistarlos y venderles el producto de la empresa.

02. Conocer mejor a los consumidores.

Es posible recopilar datos de la experiencia de los usuarios con sus productos a través de los dispositivos que están utilizando, como computadoras portátiles, computadoras de escritorio, teléfonos inteligentes, entre otros.

Al conocer sus problemas y gustos, es posible saber cómo se deben actualizar los productos y servicios de la empresa para complacer mejor a los consumidores y fidelizarlos.

03. Crear un mejor marketing.

Mantener un análisis constante de información sobre tus clientes, como edad, género, etnia, entre otros elementos, permitirá la creación de

4   Mitos y tendencias.

Con la creciente popularidad del Big Data, hay muchos conceptos erróneos al respecto. Es necesario ser consciente del verdadero potencial del Big Data y en qué situaciones se debe aplicar.

El big data incorpora cambios significativos en la forma en que pensamos sobre el tratamiento y el análisis de datos. El tratamiento de volúmenes muy grandes cambia nuestra percepción de cómo ver los datos. En la práctica, cuando cambiamos de escala, nuestra percepción cambia.

Por ejemplo, si salimos de nuestro mundo donde reconocemos la diferencia entre un objeto sólido y el aire que nos rodea y caemos en otra escala, como el nivel cuántico, todo se convierte en un átomo. Las diferencias entre los objetos y el aire, tal y como las conocemos en nuestra vida cotidiana, dejan de existir. Lo mismo ocurre cuando pasamos de un pequeño volumen a uno monstruoso, al menos, de datos.

Han surgido varios mitos en torno al Big Data. Y, si te centras demasiado en ellos, la eficiencia general del negocio puede verse afectada.

4.1.1   Mitos centrados en el Big Data.

A continuación se analizan algunos de los mitos más conocidos.

1. El Big Data es solo una exageración.

   Es una opinión muy popular de las masas que el Big Data es exagerado. Creen que el gran volumen de datos no es más que los "mismos datos de siempre", solo que en cantidades enormes.

   Se cree que no hay nada nuevo en el concepto, excepto que solo los científicos de datos pueden leer la información de los datos.

Esto y los costos adicionales incluidos en la tecnología la hacen aún más cara.

Por lo tanto, existe la expectativa de que el Big Data no sea utilizado por empresas más pequeñas durante unos años.

2. No hay problemas que no se puedan resolver con Big Data.

Las empresas creen que cualquier problema relacionado con la analítica es un problema de big data, pero no todo es un problema de big data.

Por ejemplo, si su empresa está tratando de combinar unos pocos terabytes de información con unos pocos campos de acuerdo con algunas condiciones, eso no es realmente un problema de big data.

3. El Big Data puede anticipar cómo será el futuro.

Esto no es completamente un mito, pero es lo que algunos llamarían una verdad a medias. De hecho, el uso correcto del Big Data puede proporcionar cierta información para predecir el futuro, pero esta información se basa en datos históricos. Esto significa que la información dependerá de los datos que se hayan analizado y de los requisitos o preguntas del usuario.

Por lo tanto, el Big Data no es 100% fiable para las predicciones futuras.

4. El Big Data solo es aplicable en grandes empresas.

Muchos creen que el Big Data es solo para grandes empresas con grandes presupuestos. Esta es una de las razones por las que solo las grandes empresas utilizan soluciones de Big Data.

El Big Data requiere una gran cantidad de capital para la instalación tecnológica y la mano de obra. Sin embargo, a medida que disminuya el costo de estos componentes, el poder de estas tecnologías también aumentará y más nuevas empresas podrán usar estas tecnologías.

Al mismo tiempo, debemos recordar que la computación en la nube también está haciendo que estas tecnologías y plataformas estén disponibles para las empresas más pequeñas a un costo menor.

Por lo tanto, el Big Data se está volviendo accesible para todo tipo de empresas.

5. El Big Data es mejor, menos organizado.

En Big Data, la precisión de la información, entre otros factores, depende de la magnitud y fiabilidad de los datos que se analizan. Por lo tanto, esto significa que ya sea que los datos estén estructurados, no estructurados, organizados o desorganizados, no hay conexión entre esto y los resultados obtenidos.

Grandes cantidades de datos incorrectos también pueden llevar a malas decisiones. Otro ejemplo de esto es la confusión de datos, ya que el análisis de Big Data no es un trabajo muy fácil. Sin embargo, a medida que las soluciones de análisis sean cada vez más fáciles de usar, será más fácil analizar los datos.

Por lo tanto, el desafío es limpiar estos datos desordenados y analizarlos para obtener los datos adecuados.

6. Las tecnologías de Big Data no madurarán.

Hoy en día, las tecnologías de Big Data son simplemente una red de diferentes tipos de software con capacidades especiales para analizar grandes volúmenes de datos, y se espera que evolucionen con el tiempo.

Por lo tanto, la tecnología de Big Data no está completamente madura, ya que hay muchas fallas en estos componentes de la red y en su ecosistema. El Big Data evolucionará gradualmente a medida que más y más personas comiencen a adoptarlo.

7. El Big Data sustituirá a los actuales Data Warehouses.

Este es un mito realmente peligroso. La tecnología de Big Data aún no está lo suficientemente desarrollada como para satisfacer las necesidades de todo tipo de problemas relacionados con los datos. Además, las tecnologías y plataformas de Big Data no sustituyen a los Data Warehouses o RDBMS tradicionales.

El Big Data es para requisitos específicos y no debe aplicarse en ninguna situación. Por lo tanto, el Big Data no está destinado a reemplazar a los Almacenes de Datos actuales, aunque puede cumplir con algunos requisitos de los Almacenes de Datos en un futuro próximo.

La estrategia de Big Data es una responsabilidad exclusiva del equipo de TI.

Tener un departamento de TI en una empresa ayuda mucho, ya que es el que configura los diversos tipos de software y hardware necesarios para el Big Data.

Sin embargo, un equipo de TI dedicado por sí solo no es suficiente para implementar una estrategia de big data. La estrategia de Big Data ayuda a tomar mejores decisiones, pero para que esto sea una ventaja, el departamento de toma de decisiones debe evaluar cuidadosamente las soluciones.

8. Hadoop es la mejor solución para Big Data.

Hadoop a menudo se considera la mejor solución de Big Data. Sin embargo, hay muchas alternativas a Hadoop. La mejor solución realmente depende de sus propios requisitos.

9. El término "Big Data" es nuevo, y los datos disponibles hoy en día también son muy nuevos.

El concepto de Big Data y sus usos son en realidad muy antiguos. Muchas empresas utilizaron Big Data antes de que se llamara oficialmente "Big Data", por lo que este mito no es del todo cierto.

¿Son realmente importantes estos mitos?

Estos mitos del Big Data son muy obstructivos y pueden dar lugar a malas decisiones empresariales. Pueden contribuir a que la empresa desperdicie recursos que podrían utilizarse mejor para aumentar su cuota de mercado.

Por lo tanto, conocer toda la verdad marca la diferencia, ya que las medias verdades pueden ser realmente peligrosas para los negocios.

4.1.2 Las mejores tendencias para 2030.

Un estudio reciente publicado por MicroStrategy señala las tendencias de transformación digital y análisis de datos que vienen con todo para 2030.

1. Aprendizaje profundo.

   Para Frank J. Bernhard, director de datos de SHAPE-Digital Strategy, el aprendizaje profundo ya ha pasado de la etapa de tendencia a un estado de consolidación. ¿Y qué significa esto?

   Ya no es algo nuevo, y su implementación es casi obligatoria. La diferencia radica en cómo cada empresa emplea la práctica en sus operaciones y qué estrategias están tomando para destacarse en comparación con la competencia.

2. Gráficos semánticos.

   Roxane Edjlali, directora senior de gestión de productos de MicroStrategy y ex analista de Gartner, afirma que los grafos semánticos son esenciales para añadir valor al negocio: "El grafo semántico se convertirá en la columna vertebral que soporta los datos y la analítica en un panorama de datos en constante cambio.

Las empresas que no utilizan un gráfico semántico corren el riesgo de ver caer el ROI relacionado con la analítica15 debido al aumento de la complejidad y los costos organizacionales resultantes".

3. Visión humana.

Los datos son excelentes, pero para Chandana Gopal, directora de investigación de IDC, las personas que los aplican también deben estar familiarizados con los problemas etnográficos y el contexto humano detrás de todas las situaciones recopiladas. Según Gopal, los datos, en forma burda, están incompletos si no se refieren a esta cantidad.

4. Aprendizaje automático automatizado.

El Machine Learning Automatizado, o AutoML, es la apuesta de Marcus Borba, fundador y consultor de Borba Consulting. Para él, la rápida evolución de los servicios de machine learning en los últimos años ha permitido la aparición de funciones aún más ágiles y automatizadas en este sector, siendo de gran valor para las marcas, principalmente por su facilidad de uso e independencia.

5. Analítica embeeded (en inglés).

Según Doug Henschen, vicepresidente y analista de Constellation Research, la nueva generación de Embedded Analytics acelerará el tiempo para obtener datos importantes.

---

[15] Retorno de la inversión – ROI. El Retorno de la Inversión es una métrica que se utiliza para saber cuánto ha ganado la empresa con las inversiones, especialmente en el área de Marketing. Para calcular el ROI, debe aumentar los ingresos totales, restar los costos y dividir ese resultado también por los costos.

"El análisis conciso entregado en el contexto de aplicaciones e interfaces específicas acelera la toma de decisiones. Este estilo de incrustación y selección de análisis concisos y contextuales puede llevar más tiempo, y con los avances que incluyen métodos de desarrollo sin código y con poco código, estamos viendo una adopción cada vez mayor de la próxima generación de análisis integrados".

6. Datos y análisis.

De la misma manera que la visión humana es necesaria para complementar la inteligencia de datos, las empresas necesitan acostumbrarse a diversificar estas bases de referencia.

7. David Menninger.

El vicepresidente y director de Ventana Research, explica que las grandes empresas difícilmente cuentan con una plataforma exclusiva y estandarizada de Datos y Analítica, y esta tendencia de diversas fuentes será cada vez más común.

8. Habilidades basadas en datos.

El vicepresidente de educación de MicroStrategy, Hugh Owen, explica que las habilidades basadas en datos se convertirán en un requisito en las empresas, que deben comenzar no solo a reclutar a más personas con habilidades analíticas, sino también a capacitar a los empleados actuales para estas habilidades.

9. Inteligencia artificial.

Así como el Deep y el Machine Learning ya se han vuelto obligatorios en un mercado orientado a los datos, la inteligencia artificial también es un brazo que no puede quedar al margen de las estrategias empresariales.

El equipo de investigadores de Forrester Research indica que para 2028, los equipos de ciencia de datos dedicarán entre el 70% y el 90% de su tiempo a crear nuevos y mejores modelos de IA para implementar.

10. Inteligencia Móvil.

Mark Smith, CEO y director de investigación de Ventana Research, sugiere que este año veremos a la mitad de las empresas reevaluar sus operaciones móviles y darse cuenta de que son insuficientes para cumplir con las expectativas de los clientes. Luego de eso, se observará una remodelación importante de estas funciones digitales.

11. Gestión de la experiencia.

R "Ray" Wang, fundador y analista principal de Constellation Research, comenta que la IA impulsará la gestión de la experiencia: "A medida que las aplicaciones se dividen por proceso de negocio en microservicios sin cabeza, la automatización y la inteligencia desempeñarán un papel importante en la creación de personalización y eficiencia en masa y a escala. La Empresa Inteligente aportará contexto y análisis de datos para impulsar sus próximas acciones".

5 HADOOP.

Hadoop es uno de los términos que forman parte del vocabulario de las tecnologías emergentes. Y merece el protagonismo que viene recibiendo. Se puede describir como un conjunto de programas y procedimientos de *código abierto*[16] que sirven como marco para las operaciones de datos.

Debido a su importancia en la arquitectura Big Data actual, a Hadoop se le ha dedicado un capítulo entero en este libro para que sea muy detallado.

Aunque reciente, Hadoop[17] se ha destacado como una herramienta efectiva, siendo utilizada por grandes corporaciones como IBM, Oracle, Facebook, Yahoo!, entre otras.

Pero para llegar a este punto, en los últimos años han ocurrido algunos acontecimientos importantes, como lo demuestran los siguientes hechos históricos:

- Febrero de 2003: Jeffrey Dean y Sanjay Ghemawat, dos ingenieros de Google, desarrollan la tecnología MapReduce, que permite optimizar la indexación y catalogación de datos sobre páginas web y sus enlaces. MapReduce le permite dividir un gran problema en varias partes y distribuirlas en varias computadoras. Esta técnica hizo que el sistema de búsqueda de Google fuera más rápido a pesar de que se ejecutaba en computadoras convencionales y menos confiables, reduciendo así los costos relacionados con la infraestructura;

---

[16] Disponible sin costo para que todos lo usen y modifiquen.

[17] http://hadoop.apache.org.

- Octubre de 2003: Google desarrolla el Google File System, un sistema de archivos distribuido GoogleFS (más tarde llamado GFS), diseñado para soportar el almacenamiento y procesamiento de grandes volúmenes de datos de la tecnología MapReduce;

- Diciembre de 2004: Google publica el artículo *Simplified Data Processing on Large Clusters*, de autoría de los ingenieros Dean y Ghemawat, donde presentan los principales conceptos y características de la tecnología MapReduce, pero sin detalles sobre la implementación;

- Diciembre de 2005: El consultor de software Douglas Cutting anunció la implementación de una versión de MapReduce y el sistema de archivos distribuido basado en artículos de GFS y MapReduce publicados por ingenieros de Google. La implementación es parte del subproyecto Nutch, adoptado por la comunidad de código abierto para crear un motor de búsqueda web, comúnmente llamado *rastreador web* (un software que automatiza la indexación de páginas) y un *analizador* de formato de documento. Más tarde Nutch se alojaría como el proyecto Lucene, en la Apache Software Foundation, con la función principal de proporcionar un potente motor de búsqueda e indexación de documentos almacenados en diversos formatos, como archivos de texto, páginas web, hojas de cálculo, o cualquier otro formato del que se pueda extraer información textual;

- Febrero de 2006: Yahoo! decide contratar a Cutting e invertir en el proyecto Nutch, manteniendo la fuente abierta. Ese mismo año, el proyecto pasa a llamarse Hadoop, convirtiéndose en un proyecto independiente de la Apache Software Foundation;

- Abril de 2007: Yahoo! anuncia que ha ejecutado con éxito una aplicación Hadoop en un clúster de 1.000 máquinas. También en esa fecha, Yahoo! se convierte en el mayor patrocinador del proyecto. Unos años más tarde, la empresa ya contaba con más de 40.000 máquinas con Hadoop (White, 2010);

- Enero de 2008: Apache Hadoop, versión 0.15.2, madura como un proyecto incubado en la Fundación Apache, y se convierte en uno de los principales proyectos abiertos de la compañía.

- Julio de 2008: Una aplicación Hadoop en uno de los clústeres de Yahoo! rompe el récord mundial de velocidad de procesamiento en la clasificación de 1 terabyte de datos. El clúster estuvo compuesto por 910 máquinas y realizó la clasificación en 209 segundos, superando el récord anterior de 297 segundos;

- Septiembre de 2009: La empresa de Big Data Cloudera contrata a Cutting como líder del proyecto. Cloudera es una empresa que redistribuye una versión comercial derivada de Apache Hadoop;

- Diciembre de 2011: Seis años después de su lanzamiento, Apache Hadoop pone a disposición su versión estable (1.0.0). Entre las mejoras, el uso del protocolo de autenticación de red Kerberos, para una mayor seguridad de la red; la incorporación del subproyecto HBase, de apoyo a BigTable; y soporte para la interfaz WebHDFS, que permite el acceso HTTP para leer y escribir datos;

- Mayo de 2012: Apache lanza la versión 2.0 de Hadoop, que incluye alta disponibilidad en el sistema de archivos (HDFS) y mejoras en el código.

Al estar alojado como un proyecto de Apache Software Foundation, Hadoop sigue el modelo de licencias de Apache, que es mucho más flexible que otras modalidades de licencias de software libre, permitiendo modificaciones y redistribución del código fuente. De esta manera, han surgido varias empresas en el mercado distribuidora de implementaciones de Hadoop.

Hadoop está diseñado para:

- Procesa grandes cantidades de datos estructurados y no estructurados, de terabytes a petabytes, y se implementa en servidores de racks básicos como un clúster de Hadoop.

- Paralelice el procesamiento de datos en la computación en nodos para acelerar los cálculos y ocultar la latencia. En esencia, Hadoop tiene dos componentes principales:

   - Sistema de archivos distribuido Hadoop. Un sistema confiable con clústeres de almacenamiento de datos de alto ancho de banda y bajo costo que facilita la administración de archivos relacionados en múltiples máquinas

   - MapReduce Engine: Implementaciones de procesamiento de datos paralelo/distribuido de alto rendimiento del algoritmo MapReduce.

La naturaleza flexible de un sistema Hadoop permite a las empresas agregar o modificar su sistema de datos a medida que cambian sus necesidades, utilizando piezas económicas y fácilmente disponibles de cualquier proveedor de TI.

Los servidores se pueden agregar o quitar del clúster dinámicamente porque Hadoop está diseñado para ser "autorreparable". En otras palabras, Hadoop es capaz de detectar cambios, incluidos los errores, y ajustarse a esos cambios y continuar funcionando sin interrupción.

El apoyo y el entusiasmo de la comunidad de código abierto que lo respalda ha dado lugar a grandes avances para hacer que el análisis de Big Data sea más accesible para todos.

En su estado bruto, utilizando los módulos básicos proporcionados por Apache, Hadoop puede ser muy complejo, incluso para los profesionales de TI. Es por eso que se han desarrollado varias versiones comerciales, como Cloudera[18], que simplifica la tarea de instalar y ejecutar un sistema Hadoop, además de ofrecer servicios de capacitación y soporte.

Actualmente, Hadoop es el sistema más utilizado para proporcionar almacenamiento y procesamiento de datos de hardware. Casi todas las grandes empresas del mundo de Internet lo utilizan, y como es una plataforma gratuita, las modificaciones realizadas en el software por ingenieros expertos de Amazon y Google, por ejemplo, se retroalimentan a la comunidad de desarrollo, donde a menudo se utilizan para mejorar el producto "oficial".

---

[18] https://www.cloudera.com/. La plataforma de Cloudera utiliza la analítica y el aprendizaje automático para generar información sobre los datos a través de una conexión segura. La plataforma de Cloudera funciona en arquitecturas híbridas, multinube y locales, y proporciona análisis multifuncionales en todo el ciclo de vida de los datos de IA.

Esta forma de desarrollo colaborativo entre usuarios voluntarios y comerciales es una característica clave del software de código abierto.

5.1 ¿Cuál es la relación entre Hadoop y Big Data?

Hadoop se utiliza para procesar cargas de trabajo de big data porque es altamente escalable. Para aumentar la potencia de procesamiento de su clúster de Hadoop, puede agregar más servidores con los recursos de CPU y memoria necesarios para satisfacer sus necesidades.

Hadoop proporciona un alto nivel de durabilidad y disponibilidad, a la vez que continúa procesando cargas de trabajo analíticas computacionales en paralelo. La combinación de disponibilidad, durabilidad y escalabilidad de procesamiento hace de Hadoop una opción ideal para cargas de trabajo con uso intensivo de datos.

Algunas ventajas de Hadoop son:

- Aumento de la velocidad y la agilidad.

- Reducción de la complejidad administrativa.

- Integración con otros servicios en la nube.

- Disponibilidad mejorada y recuperación ante desastres.

- Capacidad flexible.

Si bien las ventajas superan a las desventajas, Hadoop también tiene problemas. Debido a que los datos se almacenan en bloques, las tareas de consulta tendrán que recuperar todos los bloques para montar el archivo, lo que dificulta el acceso a los datos.

Es posible que algunos algoritmos analíticos tampoco funcionen correctamente en Hadoop, ya que pueden requerir el uso de instrucciones específicas de la CPU.

La seguridad es otro punto crítico en Hadoop, que ha ido ganando cada vez más atención por parte de los desarrolladores del framework. Lo ideal es implementar el protocolo Kerberos[19] para realizar procesos de seguridad básicos dentro de los clústeres.

5.2   Arquitectura de Hadoop.

Hadoop proporciona una arquitectura para que las aplicaciones de MapReduce funcionen de forma distribuida en un clúster de máquinas, organizadas en una máquina maestra y varias máquinas esclavas.

Para simplificar el desarrollo de estas aplicaciones, es posible instalar y ejecutar el marco en modo simplificado, utilizando una sola máquina (que simulará un entorno paralelizable/distribuido).

Hadoop se compone de módulos, cada uno de los cuales conlleva una tarea esencial para los sistemas informáticos diseñados para el análisis de datos.

En los últimos años, una serie de otros procedimientos, bibliotecas o características se han considerado parte del marco de trabajo de Hadoop, pero Hadoop Distributed File System, Hadoop MapReduce, Hadoop Common y Hadoop YARN son los cuatro principales.

---

[19] Kerberos es un protocolo desarrollado para proporcionar autenticación en aplicaciones de usuario/servidor. Actúa como tercero en este proceso, ofreciendo autenticación certificada al usuario.

Los módulos principales de Hadoop son:

1. Sistema de archivos distribuido de Hadoop.

Este módulo es uno de los más importantes porque permite almacenar datos en un formato sencillo y accesible, entre una gran cantidad de dispositivos de almacenamiento vinculados.

El "sistema de archivos" es el método utilizado por una computadora para almacenar datos que se pueden encontrar y utilizar. Por lo general, esto está determinado por el sistema operativo de la computadora, sin embargo, un sistema Hadoop utiliza su propio sistema de archivos que se encuentra "por encima" del sistema de archivos de la computadora host, lo que significa que se puede acceder a él utilizando cualquier computadora con un sistema operativo compatible.

2. Mapa Reducir.

MapReduce recibe su nombre de las dos operaciones básicas realizadas por el módulo:

1. Leer los datos de la base de datos, poniéndolos en un formato adecuado para el análisis, el mapa; y

2. Realizar operaciones matemáticas, por ejemplo, contando el número de hombres mayores de 30 en una base de datos de clientes, la reducción.

Es MapReduce el que garantiza las herramientas para explorar los datos de varias maneras.

3. Hadoop común.

Proporciona las herramientas (en Java) necesarias para que los sistemas informáticos del usuario (Windows, Unix o cualquier otro) lean los datos almacenados en el sistema de archivos Hadoop.

4. HILO[20]

El último módulo es YARN, que gestiona los recursos de los sistemas que almacenan los datos y realizan el análisis.

5.2.1 Componentes adicionales.

Además de los módulos principales, hay otros proyectos en la comunidad Apache que agregan funcionalidad a Hadoop, como:

- Ambari. Herramienta basada en web para el soporte, gestión y monitorización de otros módulos de Hadoop como HDFS, mapreduce, Hive, hcatalog, hbase, *Zookeeper,* Oozie, *Pig* y *Sqoop* .

- Avro. Sistema de serialización de datos.

- Casandra. Base de datos escalable y tolerante a fallos.

- Canal y Chukwa. Sistemas que manejan la recopilación de ocurrencias (registros) para la supervisión de Hadoop.

- Hbase. Base de datos distribuida y escalable que admite el almacenamiento de datos estructurados para tablas grandes.

- Colmena. Infraestructura de DW que proporciona resumen de datos y consultas *ad hoc.*

- Mahout. Sistema de desarrollo de aplicaciones de machine learning y librería con funciones de minería de datos.

- Pig. proporciona un lenguaje de consulta de alto nivel (*Pig*

---

[20] YARN - Otro negociador de recursos.

Latin) orientado al flujo de datos, y un marco de ejecución para la computación paralela.

- *Cuidador del zoológico.* Servicio de coordinación de alto rendimiento para aplicaciones distribuidas.

5.3 Procesos de arquitectura de Hadoop.

Para que Hadoop funcione, se requieren cinco procesos: *NameNode*, *DataNode*, SecondaryNameNode, JobTracker y TaskTracker. Los tres primeros forman parte del modelo de programación MapReduce y los dos últimos forman parte del sistema de archivos HDFS. Los *componentes NameNode*, JobTracker y SecondaryNameNode son únicos para toda la aplicación, mientras que *DataNode* y TaskTracker se crean instancias para cada máquina del clúster.

Dados los dos componentes principales de Hadoop (MapReduce y HDFS), la arquitectura básica se explicará a continuación.

5.3.1 Sistema de archivos distribuido Hadoop.

Hadoop Distributed File System (HDFS) es un enfoque versátil, resistente y agrupado para administrar archivos en un entorno de big data. Es un sistema de archivos distribuido, diseñado para almacenar archivos de gran tamaño, con patrón de acceso a datos en streaming, utilizando clusters de servidores fácilmente encontrables en el mercado y de bajo o mediano costo.

HDFS no se recomienda para aplicaciones que necesitan un acceso rápido a un registro en particular, pero para aplicaciones en las que es necesario leer una gran cantidad de datos. Otro problema que debe tenerse en cuenta es que no debe usarse para leer muchos archivos pequeños, dada la sobrecarga de memoria involucrada.

Los metadatos se definen como "datos sobre datos". Los diseñadores de software han utilizado metadatos durante décadas bajo varios nombres, como diccionario de datos, metadatos de directorio y, más recientemente, *etiquetas[21]*.

Los metadatos de HDFS son *una plantilla[22]* para proporcionar una descripción detallada de los siguientes datos:

- Cuándo se creó, accedió, modificó y eliminó el archivo.

- Donde se almacenan los bloques de archivos en el *clúster*.

- Quién tiene autorización de acceso para ver o modificar el archivo.

- Cuántos archivos se almacenan en el *clúster*.

- Cuántos DataNodes hay en el *clúster*.

- Ubicación del registro de transacciones del *clúster*.

Los metadatos de HDFS se almacenan en *NameNode* y, mientras el conjunto está en funcionamiento, todos los metadatos se cargan en la memoria física del servidor *NameNodes*.

Para obtener el mejor rendimiento, el servidor *NameNode* debe tener una gran cantidad de memoria física e, idealmente, muchos discos de estado sólido. En cuanto al rendimiento, cuanto más, mejor.

---

[21] Las etiquetas son palabras que sirven como etiqueta y ayudan a organizar la información, agrupando aquellas que han recibido el mismo etiquetado, lo que facilita la búsqueda de otras relacionadas.

[22] Una plantilla es una plantilla a seguir, con una estructura predefinida que facilita el desarrollo y la creación de contenidos a partir de algo construido a priori.

HDFS tiene el concepto de bloques, al igual que Unix, pero sus bloques suelen tener un tamaño de 64 MB. Un archivo demasiado grande puede tener bloques almacenados en más de un servidor. Con este concepto de bloque de tamaño fijo, es más fácil calcular las necesidades de almacenamiento.

HDFS tiene 2 tipos de nodos:

- *NameNode* (o *Maestro*). Almacena información de distribución de archivos y metadatos.

- *DataNode* (o *trabajador*). Almacena los datos en sí.

Por lo tanto, *NameNode* debe estar siempre disponible. Para garantizar la disponibilidad, es posible tener una copia de seguridad, similar a *la Cold Failover*, o tener un Maestro Secundario en otro servidor. En esta segunda opción, en caso de fallo del primario, el secundario puede tomar el relevo muy rápidamente.

Debido a que en el procesamiento de Big Data, los datos se escriben una vez y luego se leen muchas veces, en lugar de las constantes lecturas de escritura de otros procesamientos de datos, HDFS es una excelente opción para admitir el análisis de grandes cantidades de datos.

5.3.1.1 NombreNodo.

Responsable de gestionar los datos almacenados en HDFS, registrar la información sobre qué *DataNodes* son responsables de qué bloques de datos de cada archivo, organizando toda esta información en una tabla de metadatos.

Sus funciones incluyen el mapeo de la ubicación, la división de los archivos en bloques, el reenvío de los bloques a los nodos esclavos, la obtención de los metadatos de los archivos y el control de la ubicación de sus réplicas.

Como se accede constantemente a *NameNode*, por razones de rendimiento, mantiene toda su información en la memoria. Integra el sistema HDFS y se encuentra en el nodo maestro de la aplicación, junto con el *jobtracker*

Los nodos de datos no son muy inteligentes, pero *NameNode* sí lo es. Los nodos de datos preguntan constantemente *a NameNode* si hay algo que puedan hacer. Esta supervisión continua también indica a *NameNode* qué nodos se detienen y cuál es el nivel de sobrecarga de los nodos que están operativos.

Los nodos de datos también se comunican entre sí para que puedan cooperar durante las operaciones normales del sistema de archivos. Esto es necesario porque los bloques de un archivo generalmente se almacenan en varios nodos.

Dado que *NameNode* es tan crítico para el correcto funcionamiento del clúster, se puede duplicar para proteger el procesamiento contra un punto de error.

5.3.1.2 Nodo de datos.

Responsable de almacenar el contenido de los archivos en ordenadores esclavos. Dado que HDFS es un sistema de archivos distribuido, es habitual tener varias instancias de *DataNode* en una aplicación Hadoop, lo que permite particionar los archivos en bloques y, a continuación, replicarlos en diferentes máquinas.

Un *DataNode* puede almacenar múltiples bloques, incluidos diferentes archivos, sin embargo, necesitan informar constantemente a *NameNode*, informándole sobre las operaciones que se realizan en los bloques.

Los DataNodes no son inteligentes, pero son resistentes. Dentro del *clúster de HDFS, los bloques de datos se replican en varios nodos de datos y el acceso se administra mediante NameNode. El motor de* replicación está diseñado para una eficiencia óptima cuando todos los nodos del *clúster* se recopilan en un *bastidor*.

De hecho, *NameNode* utiliza un "ID de bastidor" para realizar un seguimiento de los nodos de datos en el *clúster. Los clústeres de HDFS a veces se denominan "clientes de rack". Los nodos de datos también proporcionan mensajes de "pulso" para detectar y garantizar la conectividad entre el NameNode* y los nodos de datos.

Cuando no se detecta un pulso, *NameNode* elimina la asignación de nodos de datos del *clúster* y continúa funcionando como si nada hubiera sucedido. Cuando se devuelve el pulso o aparece un nuevo pulso, el nodo se agrega al clúster de forma transparente para el usuario o la aplicación.

Al igual que con todos los sistemas de archivos, la integridad de los datos es una característica clave. HDFS admite una serie de características diseñadas para proporcionar integridad de datos. Como cabría esperar, cuando los archivos se dividen en bloques y luego se distribuyen a través de diferentes servidores en el *clúster*, cualquier variación en el funcionamiento de cualquier elemento podría afectar la integridad de los datos. HDFS usa registros de transacciones y validación de suma de comprobación para garantizar la integridad en todo el *clúster*.

Los registros de transacciones son una práctica muy común en el diseño de sistemas de archivos y bases de datos. Realizan un seguimiento de cada operación y son eficaces para auditar o reconstruir el archivo del sistema si ocurre algo desagradable.

Las validaciones de suma de comprobación se utilizan para garantizar el contenido de los archivos en HDFS. Cuando un cliente solicita un archivo, verifica el contenido examinando la suma de comprobación. Si la suma de comprobación es correcta, la operación del archivo puede continuar. De lo contrario, se notifica un error. Los archivos de suma de comprobación están ocultos para ayudar a evitar la manipulación.

Los DataNodes utilizan discos locales en el servidor básico para la persistencia. Todos los bloques de datos se almacenan localmente, principalmente por razones de rendimiento.

5.3.2   Hadoop MapReduce.

MapReduce fue diseñado por Google con el objetivo principal de procesar una gran cantidad de datos por lotes, con una eficiencia superior, utilizando un cierto conjunto de funciones.

Un componente conocido como "mapa" distribuye la ejecución de partes o segmentos de programas y controla la secuencia de la ejecución de tareas con el fin de gestionar las finalizaciones parciales interdependientes y la recuperación de errores.

Una vez completada la computación distribuida, entra en juego otra función conocida como "reducir" que vuelve a agregar todos los elementos para finalmente proporcionar un resultado.

Un ejemplo muy simple de uso de MapReduce es contar palabras en un gran número de documentos diferentes. Sin el uso de MapReduce, el desarrollador tendría que resolver una serie de problemas que son inherentes al procesamiento de datos en paralelo.

Para comprender las capacidades de Hadoop MapReduce, debemos diferenciar entre MapReduce (el algoritmo) y una implementación de MapReduce. Hadoop MapReduce es una implementación del algoritmo desarrollado y mantenido por el proyecto Apache Hadoop.

La mejor manera de interpretar esta aplicación es verla como un motor de MapReduce, ya que así es exactamente como funciona. A partir de los datos proporcionados en la entrada, el motor convierte el combustible en salida de manera rápida y eficiente.

Hadoop MapReduce incluye varias etapas, cada una con un conjunto importante de operaciones que se realizan para lograr el objetivo principal de producir las respuestas de Big Data, logrando el objetivo del cliente.

El proceso comienza con una solicitud del usuario para ejecutar un programa MapReduce y continúa hasta que los resultados producidos se envían a HDFS.

HDFS y MapReduce realizan su trabajo en los nodos de un *clúster* alojado en bastidores *de servidores básicos*. Para simplificar el problema, el diagrama muestra solo dos nodos.

Cuando un cliente solicita ejecutar un programa MapReduce, el primer paso es localizar y leer el archivo de entrada que contiene los datos sin procesar. El formato del archivo es completamente aleatorio, pero los datos deben convertirse a algo que el programa sea capaz de procesar. Estas son las funciones que realizan *InputFormat* y *RecordReader* (RR).

La función InputFormat decide cómo se dividirá el archivo en fragmentos pequeños para su procesamiento mediante una función denominada *InputSplit*. A continuación, asigna un *RecordReader* para transformar los datos sin procesar para que los procese el mapa.

El mapa tiene dos entradas: una clave y un valor. Hadoop proporciona varios tipos de *RecordReaders*, lo que ofrece una amplia variedad de opciones de conversión. Esta característica es una de las formas que utiliza Hadoop para administrar la amplia variedad de tipos de datos que se encuentran en los problemas de big data.

Los datos están ahora en un formato aceptable para el mapeo. Para cada par de entrada, se llama a una instancia de mapa distinta para procesar los datos. Pero, ¿qué hace con la salida procesada y cómo puede saber lo que está haciendo? El mapa tiene dos características adicionales para responder a estas preguntas.

Dado que *Map* y *Reduce* necesitan trabajar juntos para procesar los datos, el programa necesita recopilar la salida de los mapeadores independientes y pasarla a los reductores. Esta tarea la realiza un *OutputCollector*.

El rol *Informante* también proporciona información recopilada de las tareas de mapa para que sepa cuándo se han completado las tareas de mapa o si se han completado. Esta tarea la realiza un OutputCollector.

Todos estos trabajos se realizan en varios nodos del clúster de Hadoop simultáneamente. Puede haber casos en los que sea necesario acumular los resultados de un proceso de asignación determinado antes de que se pueda iniciar la reducción. O casos en los que algunos de los resultados intermedios pueden necesitar ser procesados antes de la reducción.

Además, parte de esta salida puede estar en un nodo diferente al nodo donde se ejecutarán los reductores para esa salida en particular. La recopilación y reproducción aleatoria de los resultados intermedios se realiza mediante un particionador y un clasificador.

Los trabajos de asignación entregarán los resultados a una partición específica como entradas para los trabajos de reducción. Una vez completadas todas las tareas de asignación, los resultados intermedios se recopilan en la partición y se produce una mezcla, ordenando la salida para un procesamiento óptimo por reducción.

Para cada par de salidas, se llama a la reducción para realizar su tarea. De manera similar a la asignación, la reducción recopila su salida mientras se procesan todas las tareas.

La reducción horizontal no puede comenzar hasta que se haya completado toda la asignación y no se completará hasta que se completen todas las instancias. La salida de reduce también es una clave y un valor. Si bien esto es necesario para que la reducción haga su trabajo, es posible que no sea el formato de salida más eficaz para la aplicación.

Hadoop proporciona la *característica OutputFormat que* funciona de forma muy similar a *InputFormat*. *OutputFormat* toma el par clave-valor y organiza la salida para escribir en HDFS.

La última tarea es escribir los datos en HDFS. Esto se logra mediante *RecordWriter* y funciona de manera similar a *RecordReader*. Lleva los datos a *OutputFormat* y los escribe en HDFS en el formato necesario para los requisitos del programa de aplicación.

La coordinación de todas estas actividades se gestionaba en versiones anteriores de Hadoop mediante un programador de tareas. Este programador era rudimentario, y a medida que la combinación de trabajos cambiaba y crecía, se descubrió que se necesitaba un enfoque diferente.

La principal deficiencia del antiguo programador era la falta de gestión de recursos. La última versión de Hadoop tiene esta nueva funcionalidad.

Hadoop MapReduce es el corazón del sistema Hadoop. Proporciona todas las características necesarias para dividir grandes cantidades de datos en fragmentos manejables, procesar los datos en paralelo en el *clúster distribuido* y, a continuación, hacer que los datos estén disponibles para el usuario.

Y hace todo este trabajo en un entorno altamente tolerante a fallos. El ecosistema de Hadoop es un conjunto cada vez mayor de herramientas y tecnologías diseñadas específicamente para segmentar grandes conjuntos de datos.

5.4   Hadoop y su ecosistema.

Hadoop MapReduce y Hadoop Distributed File System (HDFS) son tecnologías potentes diseñadas para abordar los desafíos de los grandes conjuntos de datos. Esa es la buena noticia. La mala noticia es que tu empresa realmente necesita contar con un equipo de programadores o científicos de datos para sacar el máximo provecho de estos componentes elementales.

Los desarrolladores comerciales y de código abierto de todo el mundo han estado creando y probando herramientas para aumentar la adopción y la usabilidad de Hadoop. Muchos están trabajando en partes del ecosistema y ofreciendo sus mejoras al proyecto Apache. Este flujo constante de correcciones y mejoras ayuda a impulsar todo el ecosistema de forma controlada y segura.

Enfrentar el desafío de procesar grandes conjuntos de datos sin una súper caja de herramientas llena de tecnologías y servicios es como tratar de vaciar el océano con una cuchara. Como componentes principales, Hadoop MapReduce y HDFS se mejoran constantemente y proporcionan excelentes puntos de partida, pero se necesita algo más.

El ecosistema de Hadoop proporciona una colección cada vez mayor de herramientas y tecnologías diseñadas específicamente para facilitar el desarrollo, la implementación y el soporte de soluciones de big data. Antes de centrarnos en los componentes clave del ecosistema, analicemos el ecosistema de Hadoop y el papel que desempeña en el escenario de Big Data.

Ningún edificio es estable sin una cimentación. Si bien es importante, la estabilidad no es el único criterio importante en un edificio. Cada parte del edificio debe colaborar para el fin final. Las paredes, los pisos, las escaleras, la red eléctrica, la plomería y el techo deben complementarse entre sí, cada uno confía en el otro y todos dependen de la base para el soporte y la integración.

Lo mismo ocurre con el ecosistema de Hadoop. Proporcionan el marco básico y los servicios de integración necesarios para respaldar los requisitos clave de las soluciones de big data. El resto del ecosistema proporciona los componentes necesarios para crear y administrar aplicaciones de Big Data basadas en datos del mundo real.

En ausencia del ecosistema, correspondería a los desarrolladores, administradores de bases de datos, administradores de sistemas y redes estructurar su propio ecosistema compuesto por un conjunto de tecnologías para construir y desplegar soluciones de Big Data.

Este es el caso cuando las empresas buscan adaptarse a las nuevas tecnologías y tendencias emergentes. La tarea de integrar tecnologías en un nuevo mercado puede resultar abrumadora. Por ello, el ecosistema de Hadoop es fundamental para el éxito del Big Data. Se trata de la colección más completa de herramientas y tecnologías disponibles en la actualidad para abordar los desafíos del Big Data. Además, el ecosistema facilita la creación de nuevas oportunidades para la adopción generalizada del Big Data por parte de las empresas.

La programación y el seguimiento de tareas son partes integrales de Hadoop MapReduce.

5.4.1   YARN = ResourceManager + ApplicationMaster.

YARN, como se ha visto anteriormente, es uno de los cuatro módulos principales de Hadoop y proporciona los siguientes servicios:

- Administración global de recursos (*ResourceManager*)

- Gestión por aplicación (*ApplicationMaster*)

La inteligencia de trabajo y colaboración en YARN es la siguiente:

- ResourceManager es un NodeManager de administración y control central en cada uno de los nodos de un clúster de Hadoop.

- Incluye el Programador, cuya única tarea es asignar recursos del sistema para ejecutar aplicaciones específicas. No es responsable de monitorear o controlar el estado de las solicitudes.

- Toda la información necesaria para que el sistema realice sus tareas se almacena en el contenedor de recursos, como la información de consumo de CPU, disco y red de las aplicaciones que se ejecutan en el nodo y en el clúster.

- Cada nodo tiene un esclavo NodeManager del conjunto ResourceManager en el clúster.

- NodeManager supervisa el consumo de CPU, disco, red y memoria y envía esta información al ResourceManager.

- Para cada aplicación que se ejecuta en el nodo, hay un ApplicationMaster correspondiente.

- Si se necesitan más recursos para mantener la aplicación en ejecución, ApplicationMaster notifica al NodeManager que negocia recursos adicionales con el Programador en el ResourceManager para la aplicación o negocia con el Programador en el ResourceManager para liberar recursos adicionales para la aplicación.

- NodeManager también es responsable de monitorear el progreso de las aplicaciones en ejecución en el nodo.

5.4.2   HBase: datos en columnas que marcan la diferencia.

HBase[23] es una base de datos distribuida y no relacional que usa HDFS como almacén de persistencia. Fue diseñado a partir de Google BigTable y es capaz de alojar tablas muy grandes, con miles de millones

---

[23] HBase es una base de datos distribuida de código abierto, orientada a columnas, modelada a partir de Google BigTable y escrita en Java.

de columnas y filas. Esta capacidad se deriva de su estructura, que se basa en las capas de los clústeres de Hadoop.

HBase proporciona acceso aleatorio de lectura y escritura a los datos, en tiempo real, para Big Data. Es altamente configurable, lo que proporciona una gran flexibilidad para manejar grandes cantidades de datos. HBase es una base de datos en columnas donde todos los datos se almacenan en tablas con filas y columnas similares a los RDBMS.

La intersección entre una fila y una columna se denomina celda. La principal diferencia entre las tablas de HBase y las tablas de RDBMS es el control de versiones. Cada celda incluye un atributo de versión, que es una marca de tiempo que la identifica de forma única. El control de versiones realiza un seguimiento de los cambios en la celda y permite recuperar cualquier versión de su contenido si es necesario.

HBase almacena los datos en celdas en orden descendente (mediante la marca de tiempo), por lo que una lectura siempre encontrará primero los valores más recientes.

Las columnas de HBase se organizan en familias de columnas. El apellido se utiliza como prefijo para identificar a los miembros de su familia. Por ejemplo, color: blanco y color: azul son miembros de la familia de colores.

Las implementaciones de HBase se organizan por familia de columnas, lo que hace que sea importante tener pleno conocimiento de cómo se accede a los datos y del tamaño que pueden tener las columnas.

Las filas de las tablas de HBase también tienen una clave asociada. La estructura de las teclas es muy flexible. La clave puede ser un valor calculado, texto o incluso otra estructura de datos. La clave se utiliza para controlar el acceso a las celdas de la fila y se almacenan en orden ascendente de valor.

Todas estas características juntas constituyen el esquema. El esquema se define y crea antes de que se puedan almacenar los datos. Aun así, las tablas se pueden cambiar y se pueden agregar nuevas familias de columnas una vez que la base de datos esté en funcionamiento. Esta extensibilidad es extremadamente útil cuando se trata de big data porque no siempre se puede saber de antemano cuál es la variedad de sus flujos de datos.

5.4.3   Hive - Minería de Big Data.

Hive es una capa de almacenamiento de datos controlada por lotes basada en los elementos principales de Hadoop, HDFS y MapReduce. Proporciona a los usuarios que dominan SQL una implementación sencilla de SQL-lite llamada HiveQL sin sacrificar el acceso a través de mapeadores y reductores.

Con Hive, puede obtener lo mejor de ambos mundos: acceso a datos estructurados a través de SQL y análisis sofisticados de big data con MapReduce.

A diferencia de la mayoría de los almacenes de datos, Hive no está diseñado para respuestas rápidas a las consultas. De hecho, las consultas pueden tardar varios minutos o incluso horas, dependiendo de la complejidad.

Hive se usa mejor para extraer datos y análisis más profundos que no requieren respuestas en tiempo real porque se basa en la base de Hadoop. Pero tiene ventajas significativas, como ser extensible, escalable y resistente, algo que el almacén de datos promedio no es.

Hive utiliza tres mecanismos para la organización de datos:

* Mesas.

Las tablas aquí son las mismas que las tablas RDBMS, asignadas a directorios en el sistema de archivos Hadoop HDFS. Además, admite tablas almacenadas en otros sistemas de archivos nativos.

* Particiones.

Una tabla de Hive puede admitir una o varias particiones. Estas particiones se asignan a subdirectorios en el sistema de archivos y representan la distribución de datos de toda la tabla. Por ejemplo, si la tabla se llama Hotels, con un valor de clave de 12345 y un valor de red de Hilton, la ruta de acceso a la partición sería /hivewh/hotels/kv=12345/Hilton.

- Cubos.

Los datos se organizan en cubos, que se almacenan como archivos en la partición del directorio en el sistema de archivos. Los buckets se basan en hash en una columna de la tabla.

Los metadatos de Hive se almacenan externamente en una estructura conocida como Metastore. El Metastore es una base de datos relacional que contiene descripciones detalladas de los esquemas de Hive, incluidas las columnas, los tipos, los propietarios, los datos de clave-valor y las estadísticas de las tablas. Además, el Metastore es capaz de sincronizar el catálogo de datos con otros servicios de metadatos dentro del ecosistema de Hadoop.

5.4.4   Cerdo y cerdo latino.

La potencia y la flexibilidad de Hadoop para big data son inmediatamente visibles para los desarrolladores de software, ya que el ecosistema de Hadoop fue creado por desarrolladores para desarrolladores.

Sin embargo, no todo el mundo es desarrollador de software. *Pig* está diseñado para hacer que Hadoop sea más accesible y utilizable por los no desarrolladores.

Pig es un entorno interactivo basado en scripts. Su ejecución es respaldada por Pig Latin, un lenguaje utilizado para expresar flujos de datos. Pig Latin tiene la responsabilidad de cargar y procesar los datos de entrada mediante una serie de operadores que los transforman en la salida deseada.

El tiempo de *ejecución de Pig* tiene dos modos:

- Modo local en el que todos los scripts se ejecutan en un solo equipo. Hadoop *MapReduce* y HDFS no son necesarios.

- Hadoop. También conocido como modo MapReduce, en este enfoque todos los scripts se ejecutan en un clúster específico de Hadoop.

Inside *Pig* crea un conjunto de mapas y tareas de reducción. De esta manera, el usuario no tiene que preocuparse por escribir código, compilar paquetes, volver a empaquetar, presentar y recuperar los resultados. En muchos sentidos, *Pig* es análogo a SQL en el mundo de RDBMS.

El lenguaje Pig Latin proporciona una forma abstracta de obtener respuestas a partir de Big Data, centrándose en los datos en lugar de en la estructura de un programa de software personalizado.

Pig simplifica enormemente las tareas de creación de prototipos. Como ejemplo, podemos citar el caso en el que necesitas ejecutar un *script* Pig en una pequeña parte de tu entorno de Big Data para asegurarte de que los resultados son los que quieres antes de comprometerte a procesar todos los datos.

Los programas de Pig se pueden ejecutar de tres maneras diferentes, todas ellas compatibles tanto con el modo local como con el modo Hadoop:

1. *Guión*. Un archivo que contiene comandos Pig, identificados por el sufijo. cerdo. Por ejemplo, file.pig o myscript.pig. Los comandos son interpretados por *Pig* y ejecutados en orden secuencial.

2. Gruñido. Grunt es un intérprete de comandos. Puede escribir

Pig Latin en la línea de comandos de Grunt y ejecutará el comando de acuerdo con el resultado esperado. Esto es muy útil para la creación de prototipos y escenarios hipotéticos.

3. Incorporado. *Los programas Pig* se pueden ejecutar como parte de un programa Java.

El *latín cerdo* tiene una sintaxis muy rica. Admite operadores para las siguientes operaciones:

- Cargue y almacene datos.

- Generar datos de streaming.

- Filtrar datos.

- Agrupar y unir datos.

- Ordenar datos.

- Combine y divida datos.

Pig Latin también admite una amplia variedad de tipos, expresiones, funciones, diagnósticos, operadores, macros y comandos del sistema de archivos. Para ver más ejemplos, visite el sitio web de *Pig* en Apache.com[24]. Es un recurso rico que le proporcionará todos los detalles.

5.4.5 Sqoop.

---

[24] pig.apache.org.

Muchas empresas almacenan información en RDBMS y bases de datos, y a menudo necesitan una forma de mover datos de uno a otro o de estas bases de datos a Hadoop.

Si bien a veces es necesario mover datos en tiempo real, lo más común es cargar o descargar datos de forma masiva. *Sqoop, SQL-to-Hadoop*, es una herramienta que proporciona la capacidad de extraer datos de bases de datos que no son de Hadoop, transformarlos en un formulario utilizable por Hadoop y, a continuación, cargarlos en HDFS.

Este proceso se denomina ETL, por *Extraer, Transformar* y *Cargar*. Si bien la recepción de datos en Hadoop es fundamental para el procesamiento con MapReduce, también es fundamental obtener datos de fuentes de datos externas de Hadoop para su uso en otros tipos de aplicaciones. *Sqoop* es capaz de hacer esto muy bien.

Al igual que Pig, Sqoop es un intérprete de línea de comandos. Escribe comandos Sqoop en el intérprete y se ejecutan uno a la vez. Sqoop tiene cuatro características principales:

- Importación masiva. Sqoop puede importar tablas individuales o bases de datos completas en HDFS. Los datos se almacenan en los directorios y archivos nativos del sistema de archivos HDFS.

- Entrada directa. Sqoop puede importar y asignar bases de datos SQL (relacionales) directamente a Hive y HBase.

- Interacción de datos. Sqoop puede generar clases Java para que pueda interactuar con los datos mediante programación.

- Exportación de datos. Sqoop puede exportar datos directamente desde HDFS a una base de datos relacional definiendo la tabla generada en función de las especificaciones de la base de datos de destino.

Sqoop funciona examinando la base de datos que desea importar y seleccionando una función de importación adecuada para los datos de origen. Después de confirmar la entrada, lee los metadatos de la tabla (o base de datos) y crea una definición de clase de sus requisitos de entrada.

Puede forzar a Sqoop a ser selectivo para que obtenga solo las columnas que está buscando antes de la entrada, en lugar de traer una tabla completa y luego buscar sus datos. Esto puede ahorrarle mucho tiempo.

La importación real de la base de datos externa a HDFS se realiza mediante un trabajo de MapReduce creado en segundo plano por Sqoop. Sqoop es otra herramienta efectiva para los no programadores.

Un punto importante a tener en cuenta es que se debe confiar en tecnologías como HDFS y MapReduce. Esto es cierto para todos los elementos del ecosistema de Hadoop.

5.4.6   Cuidador del zoológico.

La carta de triunfo de Hadoop para hacer frente a los desafíos de Big Data es su filosofía de divide y vencerás. Una vez que el problema se ha desglosado, el éxito radica en la capacidad de emplear técnicas de procesamiento paralelas y distribuidas en el clúster de Hadoop.

Para algunos problemas de Big Data, las herramientas interactivas no pueden proporcionar datos confiables ni la oportunidad necesaria para tomar decisiones comerciales. En estos casos, es necesario descomponer las aplicaciones en tareas distribuidas para resolver estos problemas. Zookeeper es el mecanismo de Hadoop para coordinar todos los elementos de estas aplicaciones distribuidas.

Zookeeper como tecnología es realmente simple, pero sus características son poderosas. Podría decirse que sería difícil, si no imposible, crear aplicaciones de Hadoop distribuidas resistentes y tolerantes a errores sin él.

Algunas de las capacidades *de Zookeeper* son:

- Sincronización de procesos. Zookeeper coordina el inicio y la detención de varios nodos en el *clúster*. Esto garantiza que todo el procesamiento se lleve a cabo en el orden previsto. Cuando se completa un grupo de procesos completo, entonces, y solo entonces, puede tener lugar el procesamiento posterior.

- Gestión de la configuración. *Zookeeper* se puede utilizar para enviar atributos de configuración a cualquiera o a todos los nodos del *clúster*. Cuando el procesamiento depende de recursos particulares que están disponibles en todos los nodos, *Zookeeper* garantiza la coherencia de las configuraciones.

- Autoelección. El *Zookeeper* entiende la composición del grupo y puede asignar un rol de "líder" a uno de los nodos. Este líder controla todas las solicitudes de cliente en nombre del *clúster*. Si se produce un error en el nodo líder, se elegirá otro líder de los nodos restantes.

- Mensajería confiable. A pesar de que las cargas de trabajo en *Zookeeper* están acopladas de forma flexible, sigue siendo necesaria la comunicación entre los nodos del conjunto específico para la distribución de aplicaciones. *Zookeeper* ofrece una función de publicación y suscripción que le permite crear una cola. Esta cola garantiza la entrega de mensajes incluso en caso de que se produzca un error en el nodo.

Debido a que *Zookeeper* administra una variedad de componentes, como grupos de nodos y aplicaciones distribuidas, se implementa mejor en racks. La razón es simple. El *Zookeeper* debe tener un buen rendimiento, ser resistente y tolerante a errores a un nivel superior al propio clúster. Como un clúster de Hadoop ya es muy tolerante a fallos, con el rendimiento de *Zookeeper* se recuperará por sí solo.

El guardián del zoológico solo tiene que preocuparse por su propia tolerancia a fallas. El ecosistema de Hadoop y las distribuciones comerciales compatibles cambian constantemente. Se introducen nuevas herramientas y tecnologías, se mejoran las tecnologías existentes y se reemplazan algunas tecnologías. Esta es una de las mayores ventajas del código abierto.

Otra es la adopción de tecnologías de código abierto por parte de las empresas comerciales. Estas empresas mejoran los productos, haciéndolos mejores para todos al ofrecer soporte y servicios a un costo modesto. Así es como el ecosistema de Hadoop ha evolucionado y se ha convertido en una buena opción para ayudar a resolver *el desafío de Big Data* de su empresa.

5.5   Apache Hadoop de un vistazo.

1. Desarrollo de subproyectos clave

2. Apache SADH.[25] El sistema de almacenamiento principal, que utiliza varias réplicas de bloques de datos, realiza la distribución a través de los nodos de un clúster y proporciona un alto acceso a los datos de la aplicación.

3. Apache Hadoop MapReduce. Un modelo de programación y marco de software para aplicaciones que realiza el procesamiento distribuido de grandes conjuntos de datos en clústeres de computación.

4. Apache Hadoop común. Utilidades que admiten el marco de trabajo de Hadoop, incluidos los sistemas de archivos (una clase base abstracta para un sistema de archivos genérico), las llamadas a procedimientos remotos (CPR) y las bibliotecas de serialización.

---

[25] Sistema de archivos distribuido Hadoop.

5. Apache Avro. Sistema de serialización de datos.

6. Apache Cassandra. Base de datos escalable sin un único punto de fallo.

7. Apache Chukwa. Sistema de recogida de datos para sistemas de monitorización. construido sobre la base de SADH y MapReduce. Incluye una herramienta para mostrar, supervisar y analizar los resultados.

8. Apache HBase. Base de datos distribuida y escalable que admite el almacenamiento de datos estructurados para tablas grandes. Se utiliza para el acceso aleatorio para leer y escribir Big Data en tiempo real.

9. Colmena Apache. Infraestructura del sistema de almacenamiento que proporciona resumen, preguntas ad hoc y análisis de grandes conjuntos de datos en sistemas de archivos que admiten archivos de Hadoop.

10. Apache Mahout. Una biblioteca escalable de aprendizaje automático y minería de datos con implementación de una amplia gama de algoritmos, que incluyen agrupación, clasificación, filtrado colaborativo y patrones de minería frecuentes.

11. Cerdo Apache. Un marco de lenguaje y ejecución de flujo de datos de alto nivel para la expresión de análisis de datos paralelos.

12. Apache *ZooKeeper*. Un servicio de coordinación centralizado de alto rendimiento que mantiene la información de configuración y nomenclatura y proporciona sincronización distribuida y servicios de grupo para aplicaciones distribuidas.

6 Análisis de Big Data.

Big Data Analytics es una de las *palabras de moda*[26] que se ha convertido en una de las palabras de moda más populares en la industria de TI. Es una combinación de "Big Data" y "Análisis Profundo":

- El Big Data, como ya se ha comentado, es el fenómeno del aumento del tráfico de datos que ha posibilitado la Web2.0, en el que se recogen muchos datos de las transacciones y actividades de los usuarios y se pueden extraer para extraer información útil.

- La analítica es un enfoque derivado del uso de técnicas matemáticas y estadísticas avanzadas para construir modelos a partir de datos.

Una característica interesante de Big Data Analytics es que estas dos áreas son bastante diferentes y desconectadas, y las personas que trabajan en cada área tienen un trasfondo muy diferente.

Con la creciente evolución de la transformación digital, Big Data Analytics se ha convertido en una de las tecnologías más prometedoras para el mundo empresarial. Su importancia está asociada a una serie de beneficios, tanto para mejorar estrategias y procesos, como para aumentar las ventas y los ingresos.

El procesamiento de Big Data Analytics tiene el siguiente perfil:

- Por lo general, se lleva a cabo en lotes.

- Por lo general, por la noche.

  - Una vez al día.

---

[26] Palabra de moda. Es el término posmoderno que define las palabras que están "de moda" dentro de un determinado universo, definan o no cosas nuevas. "Palabra de moda" también es una palabra de moda.

- Por lo general, en diferentes etapas de este proceso por lotes.

Los elementos de la izquierda corresponden a Big Data. Se trata de aplicaciones que normalmente se ejecutan mediante la plataforma tecnológica Hadoop/PIG/Hive con implementación de la lógica ETL clásica.

Al aprovechar el modelo MapReduce que proporciona Hadoop, podemos escalar linealmente el procesamiento agregando más máquinas al clúster de Hadoop. El diseño de recursos de computación en la nube (por ejemplo, Amazon EMR) es un enfoque muy común para realizar este tipo de tareas.

La parte de análisis profundo, el grupo de elementos de la derecha, generalmente se realiza en R, SPSS, SAS utilizando una cantidad mucho menor de datos cuidadosamente muestreados que se ajustan a la capacidad de una sola máquina. Por lo general, suman menos de unos pocos cientos de miles de registros de datos.

La parte de análisis profundo generalmente involucra la visualización de datos, la preparación de datos, el aprendizaje de modelos, la regresión lineal y la regularización, el vecino K-más cercano/máquina de vectores de soporte/red bayesiana/red neuronal, el árbol de decisión y los métodos de conjunto, y la evaluación del modelo.

No es casualidad que algunas empresas ya hayan tomado la delantera e invertido 187.000 millones de dólares en Big Data Analytics en 2019, según IDC[27].

Y ya es una certeza en el mercado que empresas como Amazon y Google se han consolidado como maestros en el análisis de Big Data. Utilizan el conocimiento resultante para obtener una ventaja

---

[27] Corporación Internacional de Datos. https://www.idc.com/

competitiva. Tomemos el caso del procesamiento de recomendaciones de productos de Amazon.

La empresa recopila el historial de compras del cliente, sus búsquedas y la información que tiene sobre él para aportar sugerencias que siempre tengan una gran relación con sus necesidades. Es una excelente máquina de marketing, basada en Big Data Analytics, que ha demostrado ser extremadamente exitosa.

La capacidad de analizar grandes volúmenes de datos ofrece oportunidades únicas para la empresa, ya que es posible pasar de un análisis limitado a ejemplos o muestras de datos a grandes conjuntos que traducen el comportamiento de todo el universo (Lavalle, 2010).

Evolucionando en conceptos, tenemos que el análisis de Big Data es:

• Una estrategia basada en la tecnología que permite la recopilación de información más profunda y relevante de los clientes, los socios y el negocio, obteniendo así una ventaja competitiva.

• Trabajar con conjuntos de datos cuyo tamaño y variedad están más allá de las capacidades de captura, almacenamiento y análisis del software de bases de datos típico (Helbing, 2015a).

• Procesamiento de un flujo continuo de datos en tiempo real, lo que permite la toma de decisiones urgentes más rápido que en cualquier otro momento (Pavlo et al., 2009).

• Distribuidos en la naturaleza. El procesamiento analítico va a donde están los datos para una mayor velocidad y eficiencia.

• Un nuevo paradigma en el que las TI colaboran con los usuarios de negocio y los "científicos de datos" para identificar e implementar analíticas que aumenten la eficiencia operativa y resuelvan nuevos problemas de negocio (Yoon, 2011).

• Cambiar la toma de decisiones dentro de la empresa y permitir que las personas tomen decisiones mejores, más rápidas y en tiempo real.

Y que la analítica de Big Data no es:

• Solo tecnología. A nivel empresarial, se refiere a la explotación de fuentes de datos muy mejoradas para obtener información.

• Solo volumen. También se refiere a la variedad y la velocidad. Pero, quizás lo más importante, se refiere al valor derivado de los datos.

• Una tecnología utilizada únicamente por grandes empresas online como Google o Amazon. Si bien las empresas de Internet pueden haber sido pioneras en Big Data a escala web, las aplicaciones llegan a todas las industrias.

• Uso de bases de datos relacionales tradicionales de "talla única" construidas sobre arquitectura de disco y memoria compartida. Big Data Analytics utiliza una red de recursos informáticos para el procesamiento paralelo masivo (PMP).

• Un sustituto de las bases de datos relacionales o centros de datos. Los datos estructurados siguen siendo de vital importancia para las empresas. Sin embargo, es posible que los sistemas tradicionales no sean capaces de manejar las nuevas fuentes y contextos de Big Data (Mcafee et., 2012).

Desafortunadamente, como sabemos, analizar grandes volúmenes de datos es un gran desafío.

Cuando se trata de grandes volúmenes de datos, la primera pregunta que hay que hacerse, antes de sumergirse en este problema, es:

 – ¿Qué problema necesita resolver la empresa?

Es posible que la empresa no esté segura de lo que se puede hacer con una gran cantidad de datos, pero ya sabe que los datos tienen mucho potencial y, ciertamente, pueden surgir patrones de estos datos antes de que se entienda por qué están allí.

Este tipo de pensamiento llevará al equipo a tener una idea de lo que es posible con los datos. Un ejemplo que se aplica a todos los negocios de comercio electrónico es el interés en predecir el comportamiento de los clientes para evitar la pérdida de clientes.

6.1   Tipos de análisis de Big Data.

El tipo de problema de alto nivel impulsará el proceso de análisis de Big Data. Alternativamente, en caso de que uno no esté seguro de los problemas del negocio, puede ser necesario examinar las áreas de la empresa que necesitan mejorar (Stonebraker, 2012).

Tipos:

1. Análisis descriptivo.

    Las herramientas de esta clase informan a las empresas lo que sucedió. Crean informes y visualizaciones simples que muestran lo que sucedió en un momento determinado o durante un período de tiempo. Estas son las herramientas analíticas menos avanzadas.

2. Análisis diagnóstico.

    Herramientas de diagnóstico que explican por qué sucedió algo. Más avanzados que las herramientas de informes descriptivos, permiten a los analistas profundizar en los datos y determinar las causas raíz de una situación determinada.

3. Analítica predictiva.

    Entre las herramientas de análisis de Big Data más populares disponibles en la actualidad, las herramientas de análisis predictivo utilizan algoritmos muy avanzados para predecir lo que podría suceder a continuación. A menudo, estas herramientas utilizan inteligencia artificial y tecnología de aprendizaje automático.

4. Análisis prescriptivo.

Un paso por encima de la analítica predictiva, la analítica prescriptiva dice a las empresas lo que deben hacer para lograr el resultado deseado. Estas herramientas requieren capacidades de aprendizaje automático muy avanzadas, y pocas soluciones en el mercado actual ofrecen verdaderas capacidades prescriptivas.

6.2   ¿Qué es la *minería de datos*[28] ?

La traducción directa de la minería de datos ya nos ayuda a entender de qué se trata. Es un proceso que tiene como objetivo examinar grandes volúmenes de datos con el fin de encontrar patrones consistentes. Cuando se encuentran, estos patrones deben pasar por un proceso de validación para convertirse en información utilizable.

Es un hecho que, debido a la enorme cantidad de datos a validar, la minería de datos no se puede llevar a cabo de manera efectiva solo con la acción humana (Kandalkar, 2014). Por lo tanto, este es uno de los puntos que hacen que la transformación digital sea esencial para el desarrollo de las empresas.

Con el uso automático de algoritmos de aprendizaje, la minería de datos es capaz de demostrar las interacciones y las tendencias de consumo presentadas por los consumidores de una empresa, todo en un tiempo razonable (Armstrong, 2006).

Así, este concepto no es más que un conjunto de técnicas que permiten filtrar del Big Data los datos considerados importantes para conseguir un determinado objetivo.

---

[28] Minería de datos. Un proceso que tiene como objetivo examinar grandes **volúmenes de datos** con el fin de encontrar patrones consistentes.

Las técnicas utilizadas tienen su origen en el estudio de la estadística y la inteligencia artificial, con un poco de manejo de bases de datos. Generalmente, el objetivo de la minería de datos es clasificar los datos o predecir alguna situación a partir de los datos procesados (Van Aalst et. Al, 2010).

En la clasificación, el objetivo es agrupar los datos en distintas categorías. Por ejemplo, un comerciante puede estar interesado en analizar las características de los clientes que adquirieron un producto debido a una promoción y de aquellos que visitaron la promoción pero no realizaron la compra. Estos clientes conforman dos clases distintas (Vaishnavi et al., 2004).

En la predicción, la idea es predecir el comportamiento futuro de una variable. En el mismo ejemplo, el comerciante puede estar interesado en predecir cuáles o cuántos clientes consumirán el producto de una promoción en particular.

Los algoritmos típicos que se utilizan en la minería de datos incluyen árboles de clasificación, regresión logística, redes neuronales y técnicas de agrupación en clústeres con K vecinos más cercanos.

6.2.1 Árboles de clasificación.

El árbol de rangos es una técnica de minería de datos muy popular. Se utiliza para clasificar una variable categórica dependiente en función de las mediciones de una o más variables predictoras. El resultado es un árbol con nodos y enlaces entre nodos que se pueden leer para formar reglas si-entonces.

Tomemos como ejemplo de un árbol de calificación el caso de una compañía de cable que quiere determinar qué clientes probablemente cancelarán el servicio.

La empresa cuenta con información como:

- Cuánto tiempo ha tenido el cliente la suscripción.

- Si ha tenido problemas con el servicio.

- ¿Cuál es el paquete del plan del cliente?

- ¿En qué región del país vive?

- La edad del cliente.

- Si hay productos adicionales vinculados al paquete del cliente.

- Información de la competencia.

Se espera que el software genere dos grupos de clientes: pérdidas permanentes y potenciales.

Los datos se organizan en dos grupos:

- Datos de entrenamiento.

- Datos de prueba.

El algoritmo funciona formando un árbol basado en una serie de reglas. Por ejemplo, si los clientes han estado en la empresa durante más de diez años y tienen más de 55 años, es probable que sigan siendo clientes leales.

La analítica avanzada no requiere big data. Sin embargo, ser capaz de aplicar analítica avanzada con Big Data puede proporcionar algunos resultados importantes.

6.2.2   Regresión logística.

Es una técnica estadística que tiene como objetivo producir, a partir de un conjunto de observaciones, un modelo que permita la predicción de valores tomados por una variable categórica, a menudo binaria, a partir de una serie de variables explicativas continuas y/o binarias.

La regresión logística es ampliamente utilizada en las ciencias médicas y sociales, y tiene otros nombres, como el modelo logístico, el modelo Logit[29] y el clasificador de máxima entropía.

La regresión logística se utiliza en áreas como las siguientes:

- En medicina, permite, por ejemplo, determinar los factores que caracterizan a un grupo de individuos enfermos en relación con individuos sanos;

- En el campo de los seguros, permite encontrar fracciones de la clientela que son sensibles a una determinada póliza de seguro en relación con un riesgo concreto;

- En las instituciones financieras, puede detectar los grupos de riesgo para la suscripción de un crédito;

- En econometría, nos permite explicar una variable discreta, como son las intenciones de voto en las elecciones electorales.

El éxito de la regresión logística se justifica sobre todo por las numerosas herramientas que permiten una interpretación en profundidad de los resultados obtenidos.

6.2.3 Redes neuronales

Las redes neuronales son sistemas informáticos con nodos interconectados que funcionan como las neuronas del cerebro humano. Mediante el uso de algoritmos, pueden reconocer patrones y correlaciones ocultos en los datos sin procesar, agruparlos y clasificarlos y, con el tiempo, aprender y mejorar continuamente.

---

[29] El modelo logit proporciona un modelo estadístico que da como resultado la probabilidad de que una variable de respuesta dependiente sea 0 o 1.

Las redes neuronales artificiales a menudo se presentan como sistemas de "neuronas interconectadas, que pueden calcular valores de entrada", simulando el comportamiento de las redes neuronales biológicas.

La primera red neuronal fue concebida por Warren McCulloch y Walter Pitts en 1943. Escribieron un artículo seminal sobre cómo deberían funcionar las neuronas, y luego modelaron sus ideas mediante la creación de una red neuronal simple con circuitos eléctricos.(McCulloch & Pitts, 1943)

Este modelo innovador allanó el camino para la investigación de redes neuronales en dos áreas.

La investigación en inteligencia artificial avanzó rápidamente, pero no fue hasta 1975 cuando Kunihiko Fukushima propuso la primera red neuronal multicapa auténtica.

El objetivo original del enfoque de redes neuronales era crear un sistema computacional capaz de resolver problemas como un cerebro humano. Sin embargo, con el paso del tiempo, los investigadores cambiaron su enfoque hacia el uso de redes neuronales para resolver tareas específicas, desviándose de un enfoque estrictamente biológico.

Desde entonces, las redes neuronales han respaldado una amplia gama de tareas, incluida la visión por computadora, el reconocimiento de voz, la traducción automática, el filtrado de redes sociales, los juegos de mesa o videojuegos y el diagnóstico médico.

A medida que el volumen de datos estructurados y no estructurados ha aumentado a niveles de Big Data, las personas han desarrollado sistemas de *aprendizaje profundo* que son esencialmente redes neuronales con muchas capas.

El aprendizaje profundo permite la captura y minería de más y mayores volúmenes de datos, incluidos los datos no estructurados.

6.2.4   Técnicas de agrupamiento con K vecinos más cercanos.

Es un método de clasificación no paramétrico desarrollado por primera vez por Evelyn Fix y Joseph Hodges en 1951, y posteriormente ampliado por Thomas Cover.

Se utiliza para la clasificación y la regresión. En cualquier caso, la entrada consta de los k ejemplos de entrenamiento más cercanos del conjunto de datos.

La salida depende de si se utiliza k -NN para la clasificación o la regresión:

- En la clasificación k-NN, la salida es una asociación de clases. Un objeto se clasifica por una pluralidad de votos de sus vecinos, y el objeto se asigna a la clase más común entre sus k vecinos más cercanos (k es un entero positivo, normalmente pequeño). Si k = 1, entonces el objeto simplemente se asigna a la clase de ese único vecino más cercano.

- En la regresión k-NN, la salida es el valor de la propiedad del objeto. Este valor es el promedio de los valores de los vecinos más cercanos. k -NN es un tipo de clasificación en el que la función se aproxima solo localmente y todos los cálculos se difieren hasta que se evalúa la función.

Dado que este algoritmo se basa en la distancia para la clasificación, si las entidades representan diferentes unidades físicas o se encuentran en escalas muy diferentes, la normalización de los datos de entrenamiento puede mejorar drásticamente su precisión.

7 Gobernanza de *análisis de big data*.

El gobierno del big data se está consolidando como una parte importante de la ecuación de la *analítica*.

Entre las cuestiones de análisis de negocio, será necesario realizar mejoras en las soluciones de gobernanza para garantizar la veracidad de las nuevas fuentes de datos, especialmente debido a la fusión con datos fiables existentes en el Data Warehouse.

Las soluciones de seguridad y privacidad de los datos también deben mejorarse para respaldar la gestión y el control almacenados en las nuevas tecnologías.

Cuando se trata de Big Data Analytics, es necesario ser consciente de que cuando el trabajo se expande más allá del escritorio, los algoritmos utilizados con frecuencia deberán rehacerse, cambiando el código interno sin afectar su función externa.

La belleza de una infraestructura de Big Data es que puede ejecutar un modelo que solía tomar horas o días en solo unos minutos.

El enfoque de ejecutar análisis cerca del origen de datos reduce la cantidad de datos que se almacenarán al filtrar solo los datos que tienen valor. También le permite analizar datos antes, en busca de eventos importantes. Esto es fundamental para la toma de decisiones en tiempo real.

Además, los proveedores están empezando a ofrecer una nueva gama de analíticas diseñadas para ser colocadas cerca de las fuentes de datos, lo que permite analizar los datos sin necesidad de almacenarlos primero y luego realizar el análisis.

Este enfoque de realizar análisis más cerca de las fuentes de datos también le permite analizar los datos antes, observando los eventos clave, lo cual es fundamental para la toma de decisiones en tiempo real.

Por supuesto, la analítica seguirá evolucionando, ya que lo bueno de esta historia es que se trata de un área de investigación activa.

Cuando se trata de Big Data, es importante que la plataforma cumpla con los siguientes requisitos:

➢ Integrar tecnologías. La infraestructura necesita integrar las nuevas tecnologías de Big Data con las tecnologías tradicionales para que la suite sea capaz de procesar todo tipo de datos y volúmenes y hacerlos útiles para la analítica tradicional.

➢ Almacene grandes cantidades de datos dispares. Es posible que se requiera un sistema Hadoop para procesar, almacenar y administrar grandes cantidades de datos en reposo, independientemente de si están estructurados, semiestructurados o no estructurados.

➢ Procese datos sobre la marcha. Es posible que se requiera una capacidad de computación de flujo para procesar datos en movimiento que son generados continuamente por sensores, dispositivos inteligentes, video, audio y registros para respaldar la toma de decisiones en tiempo real.

➢ Cargue datos desde el almacenamiento de datos. Es posible que necesite una solución optimizada para procesar las cargas de trabajo analíticas operativas y administrar las crecientes cantidades de datos confiables.

Y, por supuesto, es necesario tener la capacidad de integrar los datos que tienes con los resultados del análisis de Big Data.

7.1 Ejemplos de análisis de Big Data que funcionaron.

La efectividad del Big Data ya ha sido comprobada por muchas empresas. De hecho, es debido a los diversos casos de éxito que esta es una herramienta muy interesante para las empresas que pretenden aumentar la rentabilidad de su negocio.

Algunos ejemplos de éxito son:

- SAI. La empresa de logística UPS cruzó datos de sensores de vehículos, mapas, geolocalización y requisitos de pedidos de los clientes con el fin de reducir las distancias recorridas al año y, de esta manera, optimizar el trabajo de los conductores. El uso de Big Data generó ahorros de 85 millones de millas al año y una cantidad significativa gastada en combustible, además de aumentar la calidad de vida de los empleados.

- Niké. Nike monitoriza los hábitos y comportamientos deportivos de su audiencia a través de aplicaciones y dispositivos wearables, conocidos como *wearables*[30], que son capaces de generar información relacionada con la distancia recorrida, velocidades, lugares preferidos para entrenar, etc. Con ello, la compañía sigue creando productos cada vez más alineados con las expectativas de su público objetivo, fidelizando a sus clientes y conquistando cada vez a más deportistas.

- Enlace de mapa. Maplink es una empresa especializada en la digitalización de mapas que, al probar un software de rastreo satelital que cruzó los datos generados por más de 400 mil automóviles en São Paulo, pudo realizar un diagnóstico preciso del tráfico indicando todos los puntos de lentitud, las razones y las posibles alternativas para los conductores.

- Danone. Al lanzar el yogur griego al mercado, Danone se enfrentó

---

[30] Todos y cada uno de los dispositivos tecnológicos que se pueden utilizar como accesorio o que podemos llevar puestos son ponibles.

a un gran problema con la vida útil del producto, que es bastante corta. El uso de Big Data fue importante para entender mejor el comportamiento de sus consumidores y comenzar a entregar a las cadenas minoristas con mejor sincronía, reduciendo el gasto en productos vencidos.

7.2   Análisis de texto y Big Data.

Como se discute aquí en este libro, la mayoría de los datos no están estructurados e incluyen información tanto interna como externa a la empresa, como documentos, correos electrónicos, tweets, blogs, videos de YouTube e imágenes satelitales.

La cantidad y variedad de estos datos crece rápidamente día a día. Cada vez más, las empresas quieren aprovechar esta gran cantidad de datos para comprender las implicaciones del cambio del consumidor para su negocio hoy y en el futuro. Si bien el análisis de imágenes y audio aún se encuentra en sus primeras etapas, el análisis de texto está evolucionando para convertirse en una tecnología convencional.

Un ejemplo de cómo una empresa fue capaz de utilizar el análisis de texto para potenciar la toma de decisiones es el caso de un gran fabricante de automóviles que necesitaba mejorar la calidad de sus coches y que presentaba muchos problemas. Descubrió que, al analizar las reparaciones realizadas en los talleres de los socios de servicio autorizados, podía identificar problemas de calidad en sus automóviles a medida que ingresaban al mercado.

La empresa adoptó este análisis como un sistema de alerta temprana. Cuanto antes sea capaz de identificar problemas, antes podrá cambiar la línea de producción para tener clientes más satisfechos

Antes de utilizar el análisis de texto, la empresa exploraba la información de su red de talleres de reparación autorizados, incluidos los números de pieza y los códigos de defectos. Esto funcionó bastante bien durante muchos años, pero solo para los problemas que la empresa ya sabía que existían.

Sin embargo, el sistema no era útil para revelar problemas ocultos a lo largo del proceso de servicio que solo eran conocidos por las personas que interactuaban con los clientes. Los textos de las publicaciones de Facebook, Instagram y Twitter se utilizaron para identificar las publicaciones relacionadas con los coches y servicios en cuestión.

Sin duda, los datos recopilados y analizados fueron mucho mayores de lo esperado, y la mayoría de ellos fueron ignorados.

En este caso, la analítica de texto se ha adoptado y se sigue utilizando en una amplia variedad de casos de uso de Big Data, desde la analítica de redes sociales hasta la analítica de garantías y la analítica de fraudes.

Lo que diferencia a los datos no estructurados de los datos estructurados es que su estructura es impredecible.

Como se mencionó anteriormente, algunas personas creen que la frase datos no estructurados es engañosa porque cada texto puede contener su propia estructura o formato específico basado en el software que lo creó. De hecho, es el contenido del documento el que realmente no está estructurado.

Piensa en los tipos de texto que existen y la estructura que se puede asociar a cada uno:

1. Documentos:

    "CLÁUSULA SÉPTIMA: Las obras y gastos con la conservación, limpieza y aseo del inmueble serán por cuenta, riesgo y despláceo del ARRENDATARIO, quien se obliga a devolver el inmueble en perfectas condiciones de limpieza, destreza, conservación y pintura, cuando el presente contrato termine o se termine, sin responsabilidad pecuniaria alguna para el ARRENDADOR. El ARRENDATARIO no podrá realizar obras mayores ni modificar la estructura del inmueble aquí arrendado, sin la autorización previa y por escrito del ARRENDADOR. Si el ARRENDATARIO consiente la ejecución de las obras, éstas se incorporarán inmediatamente al inmueble, sin que el ARRENDATARIO tenga derecho a indemnización alguna por las obras ni retención por mejoras. Las mejoras removibles podrán ser removidas, siempre y cuando no desfiguren el inmueble arrendado".

2. Correos electrónicos:

"Buenas tardes Dr. João,

Por la presente solicito la vacante de programador, de acuerdo con el anuncio publicado en el sitio web de Emprego.com.

Adjunto mi currículum vitae, así como mi carta de presentación, explicando los motivos de mi solicitud.

Cualquier pregunta, no dude en ponerse en contacto conmigo. Estoy disponible para cualquier aclaración.

Saludos cordiales, ..."

3. Archivos de registro:

222.222.222.222-- [08/Oct/2012:11:11:54-0400] "GET/HTTP/1.1" 200 10801
"http://www.google.com/search?q=log+analyzer&ie=..... ..

4. Tweets:

#O libro del Prof. Marcão explica todo sobre el Big Data!

Claramente, algunos de estos ejemplos tienen más estructura que otros. Por ejemplo, una cláusula de un contrato de arrendamiento tiene cierta estructura en cuanto a las frases y el modelo que puede seguir. Un correo electrónico puede tener poca estructura. Un archivo de registro puede tener su propia estructura. Un tweet puede tener abreviaturas o caracteres extraños.

La gran pregunta es entonces:

- ¿Cómo se pueden analizar datos que tienen estructuras que son tan diferentes entre sí o que no tienen ninguna estructura en absoluto?

Existen numerosos métodos para analizar datos no estructurados. Históricamente, estas técnicas se encontraban fuera de áreas técnicas como el procesamiento del lenguaje natural[31], el descubrimiento de conocimientos, la minería de datos, la recuperación de información y la estadística.

El análisis de texto es el proceso de analizar texto no estructurado para extraer información relevante, transformándola en información estructurada que luego se puede aprovechar de diversas maneras.

Los procesos de análisis y extracción aprovechan técnicas que se originaron en la lingüística computacional, la estadística y otras disciplinas de la ciencia de la información.

El proceso de análisis de texto utiliza varios algoritmos, como la comprensión de la estructura de la oración, para analizar el texto no estructurado y luego extraer información y transformar esa información en estructuras de datos.

---

[31] Procesamiento del Lenguaje Natural PNL. El Procesamiento del Lenguaje Natural (PLN) es una rama de la inteligencia artificial que ayuda a los ordenadores a comprender, interpretar y manipular el lenguaje humano. La PNL es el resultado de diversas disciplinas, incluidas las ciencias de la computación y la lingüística computacional, que buscan cerrar la brecha entre la comunicación humana y la comprensión de las computadoras.

Ten en cuenta que nos centramos en la extracción de texto, no en la investigación de palabras clave. La búsqueda consiste en recuperar un documento en función de lo que los usuarios finales ya saben que están buscando. El análisis de texto consiste en descubrir información.

Aunque el análisis de texto es diferente de la búsqueda, puede aumentar las técnicas de búsqueda. Por ejemplo, el análisis de texto combinado con la búsqueda se puede utilizar para proporcionar una mejor categorización o clasificación de documentos y para producir resúmenes.

No hay duda de que para la mayoría de las empresas comerciales, optimizar la experiencia del cliente y maximizar la retención de clientes son pautas poderosas para muchas empresas.

Las empresas que se preocupan por su futuro se preocupan constantemente por cuestiones fundamentales, como las siguientes:

- ¿Qué quieren y no encuentran los clientes en nuestro sitio web?

- ¿Cuáles son las principales áreas de quejas de los clientes?

- ¿Cuáles son las quejas sobre nuestros socios?

- ¿Cuál es el nivel de satisfacción del cliente con servicios específicos?

- ¿Cuáles son los problemas más frecuentes que provocan la pérdida de clientes?

- ¿Cuáles son los principales segmentos que ofrecen el mayor potencial de ventas?

Las fuentes de información que pueden contribuir a construir respuestas a estas preguntas se encuentran en internet, tales como:

- Correos electrónicos enviados por los clientes a la empresa.

- En encuestas de satisfacción.

- Calificaciones asignadas al centro de *llamadas*.

- Documentos internos.

- Comentarios en Facebook.

- Publicaciones de Instagram.

- Comentarios en Twitter.

El análisis de texto puede ayudar a identificar y abordar las causas de la insatisfacción del cliente de manera oportuna y puede ayudar a mejorar la imagen de la empresa al resolver los problemas antes de que se conviertan en una decapitación importante del cliente.

Pero aquí hay una pregunta. ¿Es realmente un problema de Big Data? La respuesta es que depende. Depende principalmente del volumen de datos involucrados en el problema y de qué tan en tiempo real la empresa quiera analizar los problemas. Si hay un gran volumen de datos que se entregan por lotes, es posible que la empresa quiera fusionar estos datos con datos estructurados, como hemos comentado anteriormente.

7.3   Características de la analítica de Big Data.

Es importante tener claro que el análisis de Big Data debe verse desde dos perspectivas:

1. Orientado a la toma de decisiones.

    Al igual que la inteligencia empresarial tradicional, se centra en subconjuntos selectivos y representaciones de fuentes de datos más grandes para aplicar los resultados en la toma de decisiones.

    Ciertamente, estas decisiones pueden resultar en algún tipo de acción o proceso de cambio, pero el propósito del análisis es respaldar la decisión tomada.

2. Orientado a la acción.

    Se utiliza para una respuesta rápida, cuando surge un patrón o se detectan tipos específicos de datos y se requiere una acción.

    Los usuarios tienen la posibilidad de aprovechar esta característica excepcional del Big Data, a través del análisis con datos actuales, y provocar cambios en sus decisiones de negocio.

Encontrar y utilizar Big Data mediante la creación de aplicaciones de análisis puede ser la clave para extraer valor más pronto que tarde. Un problema con la creación de aplicaciones es si es más efectivo construir estas aplicaciones personalizadas desde cero o aprovechar las plataformas y/o componentes disponibles en el mercado.

Para contribuir a este análisis, examinaremos inicialmente algunas características adicionales de la analítica de Big Data que la diferencian de los tipos tradicionales de análisis, además de las tres V de volumen, velocidad y variedad. Estas características se organizan en la siguiente figura.

En muchos casos, Big Data Analytics se presentará al usuario final como un conjunto de informes y visualizaciones, porque los datos brutos pueden ser incomprensibles para ellos.

Será necesario contar con herramientas y técnicas de presentación para que los datos sean significativos. Los informes generados por DW ya son familiares para los usuarios, pero con las nuevas herramientas, los datos que antes se presentaban en informes estáticos pueden proporcionar nueva información o crear nuevas oportunidades para el análisis.

Las técnicas de visualización de datos pueden ser útiles, pero también tendrán que ser mejoradas o apoyadas por herramientas más sofisticadas para hacer comprensibles grandes volúmenes de datos.

La adopción temprana de big data requiere la creación de nuevas aplicaciones diseñadas para cumplir con los requisitos y plazos de análisis.

Característica	Detallando
Programable	Con un gran volumen de datos a analizar, es posible comenzar con datos en bruto que se pueden procesar mediante programación o hacer algún tipo de exploración debido al tamaño de la masa de datos.
Basado en datos	En lugar de utilizar hipótesis para analizar los datos, puede utilizar los propios datos para realizar el análisis.
Variedad de atributos	En el pasado, tenía cientos de atributos o características en los datos de origen. Ahora es posible que tenga que trabajar con cientos de gigabytes de datos que constan de miles de atributos y millones de observaciones.
Iterativo	Por medio de la computación, es posible iterar en los modelos hasta obtener la ruta deseada.
Rapidez	Con las plataformas de infraestructura como servicio (IaaS), como Amazon Cloud Services (ACS), puede crear rápidamente un *clúster* de máquinas para procesar grandes conjuntos de datos y analizarlos rápidamente.

Estas nuevas aplicaciones se pueden clasificar en dos clases:

1. Costumbre.

   Codificado desde cero. Se crean para un propósito específico o para un conjunto de propósitos relacionados.

   Ciertas áreas de una empresa siempre requerirán un conjunto personalizado de tecnologías para respaldar actividades únicas o proporcionar una ventaja competitiva.

2. Semi-personalizado.

   Basado en estructuras o componentes existentes.

   Incluso si sigue habiendo nuevos conjuntos de herramientas disponibles para ayudar a la empresa a administrar y analizar big data de manera más efectiva, es posible que no sea posible obtener lo que desea con lo que ya está disponible.

8 Conclusión.

A lo largo de este libro, Big Data simplificado en 7 capítulos, exploramos los fundamentos esenciales del Big Data, desmitificando conceptos y presentando herramientas prácticas para convertir los datos en valor estratégico.

Comenzamos con la definición y los pilares del Big Data, repasamos los pasos fundamentales para el éxito de los proyectos en el área y desentrañamos el impacto de herramientas como Hadoop y Big Data Analytics.

También abordamos los mitos y tendencias que dan forma al futuro de la tecnología y destacamos la importancia de la gobernanza de datos para garantizar la calidad y la ética en el uso de la información.

Este conocimiento es solo el comienzo. Este libro proporciona una base sólida para comprender el Big Data, pero el camino para dominar esta área va mucho más allá. Para aquellos que desean profundizar sus conocimientos, comprender nuevas herramientas y explorar aplicaciones específicas, la recopilación de Big Data es un recurso indispensable.

Este libro es solo un paso inicial en un viaje transformador.

Este volumen forma parte de una colección más amplia, Big Data, que conecta el universo del Big Data con el fascinante mundo de la inteligencia artificial. Los otros libros de la colección exploran temas cruciales como el aprendizaje automático, el análisis predictivo, la integración de sistemas inteligentes y el uso de algoritmos avanzados para la toma de decisiones.

Cada volumen está diseñado para proporcionar información detallada y procesable, lo que le permite ampliar sus horizontes y comprender cómo el Big Data y la IA pueden transformar sus operaciones y estrategias.

Al comprar y explorar los otros libros de la colección, disponibles en Amazon, tendrá acceso a una guía completa que combina teoría y práctica, tecnología y estrategia, lo que le permitirá destacarse en un mercado cada vez más impulsado por los datos y la inteligencia artificial.

El viaje del Big Data no ha hecho más que empezar. Siga explorando y aproveche al máximo el poder de los datos.

9   Bibliografía.

ACQUISTI, A., BRANDIMARTE, L., & LOEWENSTEIN, G. (2015). Privacy and human behavior in the age of information. Science, 347(6221), 509-514. Disponível em: https://www.heinz.cmu.edu/~acquisti/papers/Acquisti-Science-Privacy-Review.pdf.

ACQUISTI, A., TAYLOR, C., & WAGMAN, L. (2016). The economics of privacy. Journal of Economic Literature, 54(2), 442-92.

AKIDAU, Tyler, CHERNYAK, Slava, LAX, Reuven. (2019). Streaming Systems: The What, Where, When, and How of Large-Scale Data Processing.

ALGORITHMWATCH. (2019) Automating Society 2019. Disponível em: https://algorithmwatch.org/en/automating-society-2019/

ARMSTRONG, M. (2006). Competition in two-sided markets. The RAND Journal of Economics.

ARMSTRONG, M. (2006). Competition in two-sided markets. The RAND Journal of Economics, 37(3), 668-691.

BELKIN, N.J. (1978). Information concepts for information science. Journal of Documentation, v. 34, n. 1, p. 55-85.

BOLLIER, D., & Firestone, C. M. (2010). The promise and peril of Big Data. Washington, DC: Aspen Institute, Communications and Society Program.

BOYD, D; CRAWFORD, K. (2012). Critical Questions for Big Data: Provocations for a Cultural, Technological, and Scholarly Phenomenon. Information, Communication, & Society v.15, n.5, p. 662-679.

BRETON, P. & PROULX S. (1989). L'explosion de la communication. la naissance d'une nouvelle idéologie. Paris: La Découverte.

BUBENKO, J. A., WANGLER, B. (1993). "Objectives Driven Capture of Business Rules and of Information System Requirements". IEEE Systems Man and Cybernetics'93 Conference, Le Touquet, France.

CHEN, H., CHIANG, R. H., & STOREY, V. C. (2012). Business Intelligence and Analytics: From Big Data to Big Impact. MIS Quarterly.

CHENG, Y., Qin, c., & RUSU, F. (2012). Big Data Analytics made easy. SIGMOD '12 Proceedings of the 2012 ACM SIGMOD International Conference on Management of Data New York.

COHEN, Reuven. (2012). Brazil's Booming Business of Big Data – Disponível em: https://www.forbes.com/sites/reuvencohen/2012/12/12/brazil s-booming-business-of-bigdata/?sh=1de7e6bc4682

COMPUTERWORLD. (2016) Dez casos de Big Data que garantiram expressivo retorno sobre investimento. Disponível em: https://computerworld.com.br/plataformas/10-casos-de-big-data-que-garantiram-expressivo-retorno-sobre-investimento/.

DAVENPORT, T. H. (2014). Big Data no trabalho: derrubando mitos e descobrindo oportunidades. Rio de Janeiro: Elsevier.

DAVENPORT, T; PATIL, D. (2012). Data scientist: the sexiest job of the 21st century. Harvard Business Review. Disponível em: https://hbr.org/2012/10/data-scientist-the-sexiest-job-of-the-21st-century.

DAVENPORT, T; PATIL, D. (2012). Data scientist: the sexiest job of the 21st century. Harvard Business Review. Disponível em: https://hbr.org/2012/10/data-scientist-the-sexiest-job-of-the-21st-century.

DIXON, James. 2010. Pentaho, Hadoop, and Data Lakes. Blog, October. Disponível em:

https://jamesdixon.wordpress.com/2010/10/14/pentaho-hadoop-and-data-lakes/

EDWARD Choi, M. T. (2017). RETAIN: An Interpretable Predictive Model for Healthcare using Reverse Time Attention Mechanism. Disponível em https://arxiv.org/pdf/1608.05745.pdf

GLASS, R. ;CALLAHAN, (2015).S. The Big Data-Driven Business: How to Use Big Data to Win Customers, Beat Competitors, and Boost Profit. New Jersey: John Wiley & Sons, Inc.

GÓMEZ-BARROSO, J. L. (2018). Experiments on personal information disclosure: Past and future avenues. Telematics and Informatics, 35(5), 1473-1490.Disponível em: https://doi.org/10.1016/j.tele.2018.03.017

GUALTIERI, M. (2013). Big Data Predictive Analytics Solutions. Massachusetts: Forrester.

HALPER, F. (2013). How To Gain Insight From Text. TDWI Checklist Report.

HALPER, F., & KRISHNAN, K. (2013). TDWI Big Data Maturity Model Guide Interpreting Your Assessment Score. TDWI Benchmark Guide 2013–2014.

HELBING, D. (2014). The World after Big Data: What the Digital Revolution Means for Us. Disponível em: http://papers.ssrn.com/sol3/papers.cfm?abstract_id=2438957.

HELBING, D. (2015a). Big Data Society: Age of Reputation or Age of Discrimination?. In: HELBING, D. Thinking Ahead-Essays on Big Data, Digital Revolution, and Participatory Market Society. Springer International Publishing. p. 103-114.

HELBING, D. (2015b). Thinking Ahead-Essays on Big Data, Digital Revolution, and Participatory Market Society. Springer International Publishing.

HILBERT, M. (2013). Big Data for Development: From Information to Knowledge Societies. Disponível em https://www.researchgate.net/publication/254950835_Big_Dat a_for_Development_From_Information-_to_Knowledge_Societies.

IBM. (2014). Exploiting Big Data in telecommunications to increase revenue, reduce customer churn and operating costs. Fonte: IBM: http://www-01.ibm.com/software/data/bigdata/industry-telco.html.

INMON, W. H. (1992). Building the Data Warehouse. John Wiley & Sons, New Yorkm NY, USA.

INMON, W. H. (1996). Building the Data Warehouse. John Wiley & Sons, New Yorkm NY, USA.2nd edition.

JARVELIN, K. & Vakkari, P. (1993) The evolution of Library and Information Science 1965-1985: a content analysis of journal articles. Information Processing & Management, v.29, n.1, p. 129-144.

KAMIOKA, T; TAPANAINEN, T. (2014). Organizational use of Big Data and competitive advantage - Exploration of Antecedents. Disponível em: https://www.researchgate.net/publication/284551664_Organiz ational_Use_of_Big_Data_and_Competitive_Advantage_-_Exploration_of_Antecedents.

KANDALKAR, N.A; WADHE, A. (2014). Extracting Large Data using Big Data Mining, International Journal of Engineering Trends and Technology. v. 9, n.11, p.576-582.

KIMBALL, R.; ROSS, M. (2013). The Data Warehouse Toolkit: The Definitive Guide to Dimensional Modeling, Third Edition. Wiley 10475 Crosspoint Boulevard Indianapolis, IN 46256: John Wiley & Sons, Inc.

KSHETRI, N. (2014). Big Data' s impact on privacy, security and consumer welfare. Telecommunications Policy, 38 (11), 1134-1145.

LAVALLE, S., LESSER, E., SHOCKLEY, R., HOPKINS, M. S., & KRUSCHWITZ, N. (2010). Big Data, Analytics and the Path From Insights to Value.

LOHR, S. (2012). The Age of Big Data. The New York Times.

MACHADO, Felipe Nery Rodrigues. 2018. Banco de Dados-Projeto e Implementação. [S.l.]: Editora Saraiva.

MANYIKA, J., CHUI, M., BROWN, B., BUGHIN, J., DOBBS, R., ROXBURGH, C., & BYERS, A. H. (2011). Big Data: The next frontier for innovation, competition, and productivity.

OHLHORST, J. F. (2012). Big Data Analytics: Turning Big Data into Big Money. Wiley.

OSWALDO, T., PJOTR, P., MARC, S., & RITSERT, C. J. (2011). Big Data, but are we ready? Disponível em: https://www.nature.com/articles/nrg2857-c1.

PAVLO, A., PAULSON, E., RASIN, A., ABADI, D. J., DEWITT, D. J., MADDEN, S., & STONEBRAKER, M. (2009). A comparison of approaches to large-scale data analysis. SIGMOD, pp. 165–178.

RAJ, P., & DEKA, G. C. (2012). Handbook of Research on Cloud Infrastructures for Big Data Analytics. Information Science: IGI Global.

SUBRAMANIAM, Anushree. 2020. What is Big Data? – A Beginner's Guide to the World of Big Data. Disponível em: edureka.co/blog/what-is-big-data/.

TANKARD, C. (2012). Big Data security, Network Security, Volume 2012, Issue7, July 2012, Pages 5 -8, ISSN 1353-4858.

TM FORUM. (2005). Sla management handbook - volume 2. Technical Report GB9712, TeleManagement Forum.

VAISHNAVI, V. K., & KUECHLER, W. (2004). Design Science Research in Information Systems.

VAN AALST, W. M., VAN HEE, K. M., VAN WERF, J. M., & VERDONK, M. (March de 2010). Auditing 2.0: Using Process Mining to Support Tomorrow's Auditor. Computer (Volume:43, Issue:3.

WANG, Y., KUNG, L., & BYRD, T. A. (2018). Big Data analytics: Understanding its capabilities and potential benefits for healthcare organizations. Technological Forecasting and Social Change, 126, 3-13.

WIDJAYA, Ivan. (2019). What are the costs of big data? Disponível em: http://www.smbceo.com/2019/09/04/what-are-the-costs-of-big-data/

10 Recopilación de big data: desbloqueando el futuro de los datos en una colección esencial.

La colección *Big Data* fue creada para ser una guía indispensable para profesionales, estudiantes y entusiastas que desean navegar con confianza por el vasto y fascinante universo de los datos. En un mundo cada vez más digital e interconectado, el Big Data no es solo una herramienta, sino una estrategia fundamental para la transformación de los negocios, los procesos y las decisiones. Esta colección se propone simplificar conceptos complejos y capacitar a sus lectores para convertir los datos en información valiosa.

Cada volumen de la colección aborda un componente esencial de esta área, combinando teoría y práctica para ofrecer una comprensión amplia e integrada. Encontrarás temas como:

Además de explorar los fundamentos, la colección también mira hacia el futuro, con debates sobre tendencias emergentes como la integración de la inteligencia artificial, el análisis de textos y la gobernanza en entornos cada vez más dinámicos y globales.

Tanto si es un directivo que busca formas de optimizar los procesos, como si es un científico de datos que explora nuevas técnicas o un principiante que siente curiosidad por comprender el impacto de los datos en la vida cotidiana, la colección de *Big Data* es el socio ideal en este viaje. Cada libro ha sido desarrollado con un lenguaje accesible pero técnicamente sólido, lo que permite a los lectores de todos los niveles avanzar en su comprensión y habilidades.

Prepárese para dominar el poder de los datos y destacar en un mercado en constante evolución. La colección de *Big Data* está disponible en Amazon y es la clave para desbloquear el futuro de la inteligencia basada en datos.

10.1   Para quién es la recopilación de Big Data.

La colección de Big Data está diseñada para atender a una audiencia diversa que comparte el objetivo de comprender y aplicar el poder de los datos en un mundo cada vez más impulsado por la información. Tanto si es un profesional experimentado como si acaba de empezar su andadura en el ámbito de la tecnología y los datos, esta colección ofrece información valiosa, ejemplos prácticos y herramientas indispensables.

1. Profesionales de la tecnología y los datos.

Los científicos de datos, ingenieros de datos, analistas y desarrolladores encontrarán en la colección los fundamentos que necesitan para dominar conceptos como Big Data Analytics, computación distribuida, Hadoop y herramientas avanzadas. Cada volumen cubre temas técnicos de una manera práctica, con explicaciones claras y ejemplos que se pueden aplicar en la vida cotidiana.

2. Gerentes y líderes organizacionales.

Para líderes y gerentes, la colección ofrece una visión estratégica sobre cómo implementar y gestionar proyectos de Big Data. Los libros muestran cómo utilizar los datos para optimizar procesos, identificar oportunidades y tomar decisiones informadas. Ejemplos del mundo real ilustran cómo las empresas han utilizado Big Data para transformar sus negocios en industrias como el comercio minorista, la atención médica y el medio ambiente.

3. Emprendedores y pequeñas empresas.

Los emprendedores y propietarios de pequeñas empresas que quieran aprovechar el poder de los datos para mejorar su competitividad también pueden beneficiarse. La colección presenta estrategias prácticas para el uso de Big Data de forma escalable, desmitificando la idea de que esta tecnología es exclusiva de las grandes corporaciones.

4. Estudiantes y principiantes en la zona.

Si eres estudiante o estás empezando a explorar el universo del Big Data, esta colección es el punto de partida perfecto. Con un lenguaje accesible y ejemplos prácticos, los libros hacen que los conceptos complejos sean más comprensibles, preparándote para profundizar en la ciencia de datos y la inteligencia artificial.

5. Curiosos y entusiastas de la tecnología.

Para aquellos que, incluso fuera del entorno corporativo o académico, tienen interés en comprender cómo el Big Data está dando forma al mundo, la colección ofrece una introducción fascinante y educativa. Descubra cómo los datos están transformando áreas tan diversas como la salud, la sostenibilidad y el comportamiento humano.

Independientemente de su nivel de experiencia o de la industria en la que se encuentre, la colección de *Big Data* está diseñada para empoderar a sus lectores con información procesable, tendencias emergentes y una visión integral del futuro de los datos. Si estás buscando entender y aplicar el poder del Big Data para crecer profesionalmente o transformar tu negocio, esta colección es para ti. Disponible en Amazon, es la guía esencial para dominar el impacto de los datos en la era digital.

10.2   Conoce los libros de la Colección.

10.2.1 Simplificación de Big Data en 7 capítulos.

Este libro es una guía imprescindible para cualquier persona que quiera entender y aplicar los conceptos fundamentales del Big Data de una forma clara y práctica. En un formato sencillo y accesible, el libro cubre todo, desde pilares teóricos, como las 5 V del Big Data, hasta herramientas y técnicas modernas, como Hadoop y Big Data Analytics.

Explorando ejemplos reales y estrategias aplicables en áreas como la salud, el comercio minorista y el medio ambiente, este trabajo es ideal para profesionales de la tecnología, gerentes, empresarios y estudiantes que buscan transformar los datos en información valiosa.

Con un enfoque que conecta la teoría y la práctica, este libro es el punto de partida perfecto para dominar el universo Big Data y aprovechar sus posibilidades.

10.2.2 Gestión de Big Data.

Este libro ofrece un enfoque práctico y completo para servir a una audiencia diversa, desde analistas principiantes hasta gerentes, estudiantes y empresarios experimentados.

Con un enfoque en la gestión eficiente de grandes volúmenes de información, este libro presenta análisis en profundidad, ejemplos del mundo real, comparaciones entre tecnologías como Hadoop y Apache Spark, y estrategias prácticas para evitar trampas e impulsar el éxito.

Cada capítulo está estructurado para proporcionar información aplicable, desde los fundamentos hasta las herramientas de análisis avanzadas.

10.2.3 Arquitectura de Big Data.

Este libro está dirigido a un público diverso, incluidos arquitectos de datos que necesitan crear plataformas sólidas, analistas que desean comprender cómo se integran las capas de datos y ejecutivos que buscan tomar decisiones informadas. Los estudiantes e investigadores en ciencias de la computación, ingeniería de datos y gestión también encontrarán aquí una referencia sólida y actualizada.

El contenido combina un enfoque práctico y un rigor conceptual. Se le guiará desde los fundamentos, como las 5 V de Big Data, hasta la complejidad de las arquitecturas en capas, que abarcan la infraestructura, la seguridad, las herramientas de análisis y los estándares de almacenamiento, como Data Lake y Data Warehouse. Además, los ejemplos claros, los estudios de casos reales y las comparaciones de tecnologías ayudarán a convertir los conocimientos teóricos en aplicaciones prácticas y estrategias efectivas.

10.2.4 Implementación de Big Data.

Este volumen ha sido cuidadosamente diseñado para ser una guía práctica y accesible, conectando la teoría con la práctica para profesionales y estudiantes que desean dominar la implementación estratégica de soluciones de Big Data.

Abarca todo, desde el análisis de calidad y la integración de datos hasta temas como el procesamiento en tiempo real, la virtualización, la seguridad y la gobernanza, ofreciendo ejemplos claros y aplicables.

10.2.5 Estrategias para reducir costos y maximizar las inversiones en Big Data.

Con un enfoque práctico y razonado, este libro ofrece análisis detallados, estudios de casos reales y soluciones estratégicas para gerentes de TI, analistas de datos, empresarios y profesionales de negocios.

Este libro es una guía indispensable para comprender y optimizar los costos asociados con la implementación de Big Data, cubriendo todo, desde el almacenamiento y el procesamiento hasta las estrategias específicas de las pequeñas empresas y el análisis de costos en la nube.

Como parte de la colección "Big Data", se conecta con otros volúmenes que exploran profundamente las dimensiones técnicas y estratégicas del campo, formando una biblioteca esencial para cualquiera que busque dominar los desafíos y oportunidades de la era digital.

10.2.6 Recopilación de 700 preguntas de Big Data.

Esta colección está diseñada para proporcionar un aprendizaje dinámico, desafiante y práctico. Con 700 preguntas estratégicamente elaboradas y distribuidas en 5 volúmenes, permite avanzar en el dominio del Big Data de forma progresiva y atractiva. Cada respuesta es una oportunidad para ampliar tu visión y aplicar conceptos de forma realista y eficaz.

La colección consta de los siguientes libros:

1   BIG DATA: 700 preguntas - Volumen 1.

Se trata de la información como materia prima para todo, los conceptos fundamentales y las aplicaciones del Big Data.

2   BIG DATA: 700 preguntas - Volumen 2.

Aborda Big Data en el contexto de la ciencia de la información, las tendencias y el análisis de la tecnología de datos, el análisis aumentado, la inteligencia continua, la computación distribuida y la latencia.

3   BIG DATA: 700 preguntas - Volumen 3.

Contempla los aspectos tecnológicos y de gestión del Big Data, la minería de datos, los árboles de clasificación, la regresión logística y las profesiones en el contexto del Big Data.

4   BIG DATA: 700 preguntas - Volumen 4.

Se ocupa de los requisitos para la gestión de Big Data, las estructuras de datos utilizadas, la arquitectura y las capas de almacenamiento, la Business Intelligence en el contexto de Big Data y la virtualización de aplicaciones.

5   BIG DATA: 700 preguntas - Volumen 5.

El libro trata sobre SAAS, IAAS Y PAAS, implementación de Big Data, gastos generales y ocultos, Big Data para pequeñas empresas, seguridad digital y almacenamiento de datos en el contexto de Big Data.

10.2.7 Glosario de Big Data.

A medida que los datos a gran escala se convierten en el corazón de las decisiones estratégicas en una variedad de industrias, este libro ofrece un puente entre la jerga técnica y la claridad práctica, lo que le permite convertir información compleja en información valiosa.

Con definiciones claras, ejemplos prácticos y una organización intuitiva, este glosario está diseñado para atender a una amplia gama de lectores, desde desarrolladores e ingenieros de datos hasta gerentes y curiosos que buscan explorar el impacto transformador de Big Data en sus campos.

11 Descubra la colección "Inteligencia artificial y el poder de los datos", una invitación a transformar su carrera y su conocimiento.

La Colección "Inteligencia Artificial y el Poder de los Datos" fue creada para aquellos que quieren no solo entender la Inteligencia Artificial (IA), sino también aplicarla de manera estratégica y práctica.

En una serie de volúmenes cuidadosamente elaborados, desentraño conceptos complejos de una manera clara y accesible, asegurándome de que el lector tenga una comprensión profunda de la IA y su impacto en las sociedades modernas.

No importa su nivel de familiaridad con el tema, esta colección convierte lo difícil en didáctico, lo teórico en aplicable y lo técnico en algo poderoso para su carrera.

11.1 ¿Por qué comprar esta colección?

Estamos viviendo una revolución tecnológica sin precedentes, donde la IA es la fuerza motriz en áreas como la medicina, las finanzas, la educación, el gobierno y el entretenimiento.

La colección "La Inteligencia Artificial y el Poder de los Datos" profundiza en todos estos sectores, con ejemplos prácticos y reflexiones que van mucho más allá de los conceptos tradicionales.

Tanto la experiencia técnica como las implicaciones éticas y sociales de la IA te animan a ver esta tecnología no solo como una herramienta, sino como un verdadero agente de transformación.

Cada volumen es una pieza fundamental de este rompecabezas innovador: desde el aprendizaje automático hasta la gobernanza de datos y desde la ética hasta la aplicación práctica.

Con la guía de un autor experimentado que combina la investigación académica con años de práctica práctica, esta colección es más que un conjunto de libros: es una guía indispensable para cualquiera que busque navegar y sobresalir en este campo floreciente.

11.2   ¿Público objetivo de esta colección?

Esta colección es para todos los que quieran desempeñar un papel destacado en la era de la IA:

✓ Profesionales de la tecnología: Reciban conocimientos técnicos profundos para ampliar sus habilidades.

✓ Los estudiantes y los curiosos: tienen acceso a explicaciones claras que facilitan la comprensión del complejo universo de la IA.

✓ Los directivos, los líderes empresariales y los responsables políticos también se beneficiarán de la visión estratégica de la IA, que es esencial para tomar decisiones bien informadas.

✓ Profesionales en Transición de Carrera: Los profesionales en transición de carrera o interesados en especializarse en IA encontrarán aquí material completo para construir su trayectoria de aprendizaje.

11.3   Mucho más que técnica, una transformación completa.

Esta colección no es solo una serie de libros técnicos; Es una herramienta para el crecimiento intelectual y profesional.

Con él, vas mucho más allá de la teoría: cada volumen te invita a una profunda reflexión sobre el futuro de la humanidad en un mundo donde las máquinas y los algoritmos están cada vez más presentes.

Esta es tu invitación a dominar los conocimientos que definirán el futuro y formar parte de la transformación que la Inteligencia Artificial trae al mundo.

Conviértase en un líder en su industria, domine las habilidades que exige el mercado y prepárese para el futuro con la colección "Inteligencia Artificial y el Poder de los Datos".

Esto no es solo una compra; Es una inversión decisiva en su viaje de aprendizaje y desarrollo profesional.

12 Los libros de la colección.

12.1 Datos, Información y Conocimiento en la era de la Inteligencia Artificial.

Este libro explora esencialmente los fundamentos teóricos y prácticos de la Inteligencia Artificial, desde la recopilación de datos hasta su transformación en inteligencia. Se centra principalmente en el aprendizaje automático, el entrenamiento de IA y las redes neuronales.

12.2 De los datos al oro: cómo convertir la información en sabiduría en la era de la IA.

Este libro explora los fundamentos teóricos y prácticos de la inteligencia artificial, abarcando desde la recopilación de datos hasta su transformación en conocimiento. Se centra principalmente en el aprendizaje automático, el entrenamiento de modelos de IA y las redes neuronales.

Presenta ejemplos prácticos en salud, finanzas y educación, y aborda los desafíos éticos y técnicos.

12.3 Desafíos y limitaciones de los datos en IA.

El libro ofrece un análisis en profundidad del papel de los datos en el desarrollo de la IA, explorando temas como la calidad, el sesgo, la privacidad, la seguridad y la escalabilidad con estudios de casos prácticos en atención médica, finanzas y seguridad pública.

12.4 Datos históricos en bases de datos para IA: estructuras, preservación y purga.

Este libro investiga cómo la gestión de datos históricos es esencial para el éxito de los proyectos de IA. Aborda la relevancia de las normas ISO para garantizar la calidad y la seguridad, además de analizar las tendencias e innovaciones en el procesamiento de datos.

12.5 Vocabulario controlado para el diccionario de datos: una guía completa.

Esta guía completa explora las ventajas y los desafíos de implementar vocabularios controlados en el contexto de la IA y la ciencia de la información. Con un enfoque detallado, cubre todo, desde la nomenclatura de los elementos de datos hasta las interacciones entre la semántica y la cognición.

12.6 Curación y gestión de datos para la era de la IA.

Este libro presenta estrategias avanzadas para transformar los datos sin procesar en información valiosa, con un enfoque en la curación meticulosa y la gestión eficiente de datos. Además de las soluciones técnicas, aborda cuestiones éticas y legales, empoderando al lector para enfrentar los complejos desafíos de la información.

12.7 Arquitectura de la Información.

El libro aborda la gestión de datos en la era digital, combinando la teoría y la práctica para crear sistemas de IA eficientes y escalables, con conocimientos sobre el modelado y los desafíos éticos y legales.

12.8 Fundamentos: Lo esencial para dominar la inteligencia artificial.

Una obra imprescindible para todo aquel que quiera dominar los conceptos clave de la IA, con un enfoque accesible y ejemplos prácticos. El libro explora innovaciones como el aprendizaje automático y el procesamiento del lenguaje natural, así como los desafíos éticos y legales, y ofrece una visión clara del impacto de la IA en diversas industrias.

12.9   LLMS - Modelos de lenguaje a gran escala.

Esta guía esencial te ayuda a entender la revolución de los modelos lingüísticos a gran escala (LLM) en la IA.

El libro explora la evolución de los GPT y las últimas innovaciones en la interacción humano-ordenador, ofreciendo información práctica sobre su impacto en sectores como la sanidad, la educación y las finanzas.

12.10   Machine Learning: Fundamentos y Avances.

Este libro ofrece una visión completa de los algoritmos supervisados y no supervisados, las redes neuronales profundas y el aprendizaje federado. Además de abordar cuestiones de ética y explicabilidad de los modelos.

12.11   Dentro de Mentes Sintéticas.

Este libro revela cómo estas "mentes sintéticas" están redefiniendo la creatividad, el trabajo y las interacciones humanas. Este trabajo presenta un análisis detallado de los desafíos y oportunidades que brindan estas tecnologías, explorando su profundo impacto en la sociedad.

12.12   La cuestión de los derechos de autor.

Este libro invita al lector a explorar el futuro de la creatividad en un mundo donde la colaboración humano-máquina es una realidad, abordando preguntas sobre la autoría, la originalidad y la propiedad intelectual en la era de las IA generativas.

12.13 1121 Preguntas y Respuestas: De lo Básico a lo Complejo – Parte 1 a 4.

Organizadas en cuatro volúmenes, estas preguntas sirven como guías prácticas esenciales para dominar los conceptos clave de la IA.

La parte 1 aborda la información, los datos, el geoprocesamiento, la evolución de la inteligencia artificial, sus hitos históricos y conceptos básicos.

La Parte 2 profundiza en conceptos complejos como el aprendizaje automático, el procesamiento del lenguaje natural, la visión artificial, la robótica y los algoritmos de decisión.

La Parte 3 aborda cuestiones como la privacidad de los datos, la automatización del trabajo y el impacto de los modelos lingüísticos a gran escala (LLM).

La Parte 4 explora el papel central de los datos en la era de la inteligencia artificial, profundizando en los fundamentos de la IA y sus aplicaciones en áreas como la salud mental, el gobierno y la lucha contra la corrupción.

12.14 El glosario definitivo de la inteligencia artificial.

Este glosario presenta más de mil conceptos de inteligencia artificial claramente explicados, cubriendo temas como el Aprendizaje Automático, el Procesamiento del Lenguaje Natural, la Visión por Computador y la Ética de la IA.

- La Parte 1 contempla conceptos que comienzan con las letras de la A a la D.
- La Parte 2 contempla conceptos iniciados por las letras E a M.
- La parte 3 contempla conceptos que comienzan con las letras de la N a la Z.

12.15   Prompt Engineering - Volúmenes 1 a 6.

Esta colección cubre todos los fundamentos de la ingeniería rápida, proporcionando una base completa para el desarrollo profesional.

Con una gran variedad de indicaciones para áreas como el liderazgo, el marketing digital y la tecnología de la información, ofrece ejemplos prácticos para mejorar la claridad, la toma de decisiones y obtener información valiosa.

Los volúmenes abarcan los siguientes temas:

- Volumen 1: Fundamentos. Conceptos de estructuración e historia de la ingeniería de prompts.
- Volumen 2: Seguridad y privacidad en la IA.
- Volumen 3: Modelos de lenguaje, tokenización y métodos de entrenamiento.
- Volumen 4: Cómo hacer las preguntas correctas.
- Volumen 5: Estudios de Casos y Errores.
- Volumen 6: Las mejores indicaciones.

12.16   Guía para ser un ingeniero de prompts - Volúmenes 1 y 2.

La colección explora los fundamentos avanzados y las habilidades necesarias para ser un ingeniero de prompts exitoso, destacando los beneficios, los riesgos y el papel crítico que desempeña este rol en el desarrollo de la inteligencia artificial.

El Volumen 1 cubre la elaboración de indicaciones efectivas, mientras que el Volumen 2 es una guía para comprender y aplicar los fundamentos de la Ingeniería de Indicaciones.

12.17   Gobernanza de datos con IA – Volúmenes 1 a 3.

Descubra cómo implementar una gobernanza de datos eficaz con esta completa colección. Al ofrecer orientación práctica, esta colección cubre todo, desde la arquitectura y la organización de datos hasta la protección y el aseguramiento de la calidad, proporcionando una visión completa para transformar los datos en activos estratégicos.

El Volumen 1 aborda las prácticas y regulaciones. El Volumen 2 explora en profundidad los procesos, las técnicas y las mejores prácticas para realizar auditorías efectivas en modelos de datos. El volumen 3 es la guía definitiva para implementar la gobernanza de datos con IA.

12.18 Gobernanza de algoritmos.

Este libro analiza el impacto de los algoritmos en la sociedad, explorando sus fundamentos y abordando cuestiones éticas y regulatorias. Aborda la transparencia, la rendición de cuentas y el sesgo, con soluciones prácticas para auditar y monitorear algoritmos en sectores como las finanzas, la salud y la educación.

12.19 De profesional de TI a experto en IA: la guía definitiva para una transición profesional exitosa.

Para los profesionales de las tecnologías de la información, la transición a la IA representa una oportunidad única para mejorar las habilidades y contribuir al desarrollo de soluciones innovadoras que den forma al futuro.

En este libro, investigamos las razones para realizar esta transición, las habilidades esenciales, el mejor camino de aprendizaje y las perspectivas para el futuro del mercado laboral de TI.

12.20 Liderazgo inteligente con IA: transforme su equipo e impulse los resultados.

Este libro revela cómo la inteligencia artificial puede revolucionar la gestión de equipos y maximizar el rendimiento organizacional.

Al combinar técnicas de liderazgo tradicionales con conocimientos impulsados por IA, como el liderazgo basado en análisis predictivos, aprenderá a optimizar procesos, tomar decisiones más estratégicas y crear equipos más eficientes y comprometidos.

12.21 Impactos y Transformaciones: Colección Completa.

Esta colección ofrece un análisis exhaustivo y poliédrico de las transformaciones provocadas por la Inteligencia Artificial en la sociedad contemporánea.

- Volumen 1: Retos y soluciones en la detección de textos generados por inteligencia artificial.
- Volumen 2: La era de las burbujas de filtro. La inteligencia artificial y la ilusión de la libertad.
- Volumen 3: Creación de contenido con IA - ¿Cómo hacerlo?
- Volumen 4: La Singularidad está más cerca de lo que crees.
- Volumen 5: La estupidez humana frente a la inteligencia artificial.
- Volumen 6: ¡La edad de la estupidez! ¿Un culto a la estupidez?
- Volumen 7: Autonomía en Movimiento: La Revolución de los Vehículos Inteligentes.
- Volumen 8: Poiesis y Creatividad con IA.
- Volumen 9: Dúo perfecto: IA + Automatización.
- Volumen 10: ¿Quién tiene el poder de los datos?

12.22 Big Data con IA: Colección Completa.

La colección cubre todo, desde los fundamentos tecnológicos y la arquitectura de Big Data hasta la administración y el glosario de términos técnicos esenciales.

La colección también discute el futuro de la relación de la humanidad con el enorme volumen de datos generados en las bases de datos de entrenamiento en estructuración de Big Data.

- Volumen 1: Fundamentos.
- Volumen 2: Arquitectura.
- Volumen 3: Implementación.

- Tomo 4: Administración.
- Volumen 5: Temas esenciales y definiciones.
- Volumen 6: Almacén de datos, Big Data e IA.

13 Sobre el autor.

Soy Marcus Pinto, más conocido como el Prof. Marcão, especialista en tecnologías de la información, arquitectura de la información e inteligencia artificial.

Con más de cuatro décadas de dedicado trabajo e investigación, he construido una sólida y reconocida trayectoria, siempre enfocada en hacer accesible y aplicable el conocimiento técnico a todos aquellos que buscan comprender y destacarse en este campo transformador.

Mi experiencia abarca la consultoría estratégica, la educación y la autoría, así como un amplio desempeño como analista de arquitectura de información.

Esta experiencia me permite ofrecer soluciones innovadoras adaptadas a las necesidades en constante evolución del mercado tecnológico, anticipándome a las tendencias y creando puentes entre el conocimiento técnico y el impacto práctico.

A lo largo de los años, he desarrollado una experiencia completa y profunda en datos, inteligencia artificial y gobernanza de la información, áreas que se han vuelto esenciales para construir sistemas robustos y seguros capaces de manejar el gran volumen de datos que da forma al mundo actual.

Mi colección de libros, disponible en Amazon, refleja esta experiencia, abordando temas como la gobernanza de datos, el Big Data y la inteligencia artificial con un claro enfoque en aplicaciones prácticas y visión estratégica.

Autor de más de 150 libros, investigo el impacto de la inteligencia artificial en múltiples ámbitos, explorando desde sus bases técnicas hasta las cuestiones éticas que se vuelven cada vez más urgentes con la adopción de esta tecnología a gran escala.

En mis conferencias y mentorías, comparto no solo el valor de la IA, sino también los desafíos y responsabilidades que conlleva su implementación, elementos que considero esenciales para una adopción ética y consciente.

Creo que la evolución tecnológica es un camino inevitable. Mis libros son una propuesta de guía en este camino, que ofrece una visión profunda y accesible para aquellos que quieren no solo comprender, sino dominar las tecnologías del futuro.

Con un enfoque en la educación y el desarrollo humano, los invito a unirse a mí en este viaje transformador, explorando las posibilidades y los desafíos que esta era digital nos tiene reservados.

14 Cómo contactar al Prof. Marcão.

14.1   Para conferencias, formación y mentoring empresarial.

marcao.tecno@gmail.com

14.2   Prof. Marcão, en Linkedin.

https://bit.ly/linkedin_profmarcao